생존의 법칙

출세의 비밀 & 대인관계의 노하우

생존의 법칙

이현우 지음

창작시대사

마음의 눈으로 사람을 보라

세상의 모든 사람이 최고의 절대강자가 될 수는 없다.
게다가 높은 곳에 있을수록 그 위태로움을 감당하기
란 쉽지 않다.

옛 선인은 "명예란 공공기물과 같다"라고 했다. 사람
들은 모두 높은 지위를 한 번쯤은 누려보고 싶어 한다
는 의미이다.

하지만 신분이 높다고 해서 반드시 행복한 삶이 보장
되는 것은 아니다.

많은 사람이 호시탐탐 그를 정복할 기회를 엿보고 있
기 때문이다.

생존에 관한 처세술의 일인자로 알려져 있는 발타자르 그라시안(Baltasar Gracian)은 자신의 지혜로운 처세술을 바탕으로 사람들에게 '사자의 가죽을 얻을 수 없다면 여우의 가죽이라도 현명하게 잘 이용해서 지혜롭게 생활하라'고 하였다.

지혜롭게 행동하고, 계획적으로 실천하며, 현명하게 말하고, 마음의 눈으로 사람을 보라.

이것은 우리 모두의 생존 법칙이자, 당신이 성공으로 가기 위한 확실한 지름길이다.

차례

Chapter 2
대인관계의 노하우

Chapter_1

출세의 비밀

✳
✳
✳

경쟁 상태에서
상대방의 마음을 알고 싶다는 바람은
곧 그를 제압하고 싶다는
심리적 욕구를 의미한다.
결국 출세는 이러한 자신의 욕구를
적절히 활용할 줄 아느냐에
달려 있다.

재능,
어쩌다 한번 조금씩 보여주기

성공의 기회는 매일 오지 않는다. 그러므로 자신의 재능을 펼칠 수 있는 기회가 온다면 놓치지 말고 최대한 이용하라.

물론 성공을 위해서는 사람들이 깜짝 놀랄만한 훌륭한 재능이 있어야 함은 당연하다.

그러나 진정 재능이 넘치는 사람은 다소 미흡한 재능이라 할지라도 남들 앞에서는 멋들어지게 표현할 줄을 안다. 그렇기 때문에 그 재능이 더욱 빛나 보인다.

결국 자신의 재능을 얼마만큼 효율적으로 잘 표출해낼 줄 아느냐가 당신의 성공을 좌우한다. 적극적이고 능동적으로 재능을 표출해냄으로써 사람들은 만족감을 느끼고, 당신은 과거의 수많은 결점을 보완할 수 있는 소중한 기회를 갖는다.

나아가 결점을 극복하고 사람들 앞에 당당하게 설수 있는 자신감도 생긴다.

만약 당신의 재능이 현실을 바탕으로 성장을 한다면 그 효과는 더욱 놀라울 것이다.

물론 일은 사람이 계획하는 것이지만 그 성패는 하늘에 달려 있다.

신은 우리에게 재능을 주고 우리가 그것을 훌륭하게 다듬을 수 있도록 끝없이 격려해준다.

그러나 훌륭한 재능을 갖기 위해서는 자신만의 기교가 있어야 하고, 적절한 시기가 왔을 때 유감없이 발휘할 줄 알아야 한다.

일을 할 때 반드시 유의해야 할 점은 항상 힘을 비축해 놓고 있어야 한다는 사실이다.

당신의 재능이 아직 완벽하게 다듬어지지 않았을

때 섣불리 재능을 펼치는 일은 괜한 힘과 시간만 낭비하는 헛수고일 뿐이다.

재능을 펼치는 과정에서 예상치 못한 난관에 부딪혔을 때 섣불리 자신의 부족함을 감추려다 보면 그 모습이 부자연스러울 수 있다.

그런 상황에서 책임을 떠맡는다는 것은 결국 당신에게는 부담을 주고, 다른 사람에게는 당신을 괴롭히고 비웃을 수 있는 기회를 제공해 주는 것밖에 되지 않는다.

지혜로운 사람은 재능을 펼칠 때 한결같이 겸손한 자세를 취한다. 그리고 오히려 지나치게 자신을 뽐내고 과시하는 사람을 질타한다.

이렇게 훌륭한 재능과 겸손함을 지키면 다른 사람들의 시샘어린 소문에 자신감을 상실하거나 흔들리지 않는다.

이런 사람이 자신의 재능을 실현시킬 가능성은 100%나 다름없다.

그렇다면 당신의 말과 행동을 기교 있게 포장하는 일 또한 재능을 실현시킬 수 있는 아주 좋은 경로이다.

포장지에 싸여있는 당신의 재능을 하나씩 꺼내어 천천히 보여주게 되면 그만큼 좋은 기회도 많이 얻게 된다.

그리고 그 기회를 십분 활용하여 당신의 재능을 펼쳐 보인다면 사람들의 열렬한 박수 소리와 함께 성공을 향한 큰 발걸음을 한발 한발 내딛게 될 것이다.

완벽함,
한 걸음씩 다가가기

다른 사람의 의견에 귀를 기울이되 지나치게 끌려
가지 마라.

무엇이든 맹목적으로 좇다 보면 큰 낭패를 당하기
마련이다.

그렇기 때문에 다른 사람만 믿고 의지하다 보면 자
연히 어느 순간 그에게 서운함을 느끼고 마침내 증
오하는 마음까지 얻게 된다.

그리고 모든 일을 당신의 기준으로 판단하고 무조
건 상대방을 자기 기준에 맞추려고 하지 마라.

어떤 사람은 첫눈에는 충직하고 온후해 보이지만
그와 조금 지내다 보면 곧 실망스러운 부분을 발견

할 수도 있다.

그러므로 자기 눈에 그가 조금 괜찮아 보인다고 해서 다른 사람들의 평가를 무시하고 그의 모든 것을 높이 평가해서는 안 된다.

사람은 인간 본연의 한계를 극복할 수 없다.

상식적으로도 완벽한 사람이란 세상에 존재할 수 없음에도 사람들은 모두 완벽한 삶을 얻기 위해 안간힘을 쓴다.

그렇다면 여기에서 말하는 '완벽함'이란 무엇인가?

재능, 성격, 인품, 능력? 실제로 현대사회에서 높은 지위는 그 사람에게 힘과 재력을 가져다주지만 참다운 인품으로는 그만한 지위만큼 대접을 받지 못한다.

그러나 사회적 지위는 표면적인 이익에 지나지 않다는 사실을 명심하라.

남들이 우러러보는 사회적 지위를 가지고 있는 사람이라도 그의 재덕이 지위에 상응하지 못하여 경솔하게 행동하다가는 결국에 큰 죗값을 치르게 된다.

상상 속의 물건은 지나치게 과장이 되어 현실과 어울리지 않는 것이 많다.

그래서 인간의 상상은 현실에서 실현하기가 쉽지 않다.

즉, 감성에 치우친 상상은 공상으로 남는 것처럼 잘못된 이성 역시 자꾸 자기 자신을 이상향과 엇나가게 만든다.

어리석은 사람은 지나치게 무모하지만, 지혜로운 사람은 계획적이고 현실적이다.

자신이 머무는 자리에서
삶의 가치를 재발견하라

사람들에게 지금 하고 있는 일을 왜 하느냐고 물어보면 대부분의 사람들은 '어쩔 수 없으니까'라고 대답한다.

마치 모두들 죽지 못해 사는 것처럼 그 일이 자기의 적성과 적당히 맞아서 한다고 대답하는 사람은 거의 없다.

"왜 이 일을 하십니까?"

"뭐, 먹고살려면 별수 있나요?"

이렇게 대부분 자신을 현실의 틀에 꿰맞추고 살면서 그것으로 만족한다고 억지로 인정하고 있는 셈이다.

사람들은 마음에 들지도 않으면서 온갖 이유를 갖다 붙여 꽤 괜찮은 것이라고 합리화하는 신기한 능력을 가지고 있다.

그래서 그렇게 철석같이 믿을 것까지는 없는 일인데도 불구하고 의외로 아주 쉽게 믿어버리곤 한다.

대개 나쁜 꿍꿍이를 가진 사람은 말과 행동이 그럴싸해 보이지만 그것은 사람들의 눈을 속이기 위한 일종의 장치일 뿐이다. 사실, 사람들은 어이없게도 이런 허술한 장치에도 잘 속아 넘어가긴 하지만 말이다.

그러므로 누군가가 당신에게 호감을 보일 때는 그 사람이 장차 당신에게 강제로 무엇인가를 요구할 가능성이 있는지, 또는 나쁜 꿍꿍이를 숨기고 당신을 현혹시키는 것이 아닌지 신중하게 살펴보아야 한다.

미래가 밝은 사람은 넓은 바다를 향해 끊임없이 흘러가는 산기슭의 시냇물처럼 자신이 거쳐야 하는 모든 과정을 담담하게 받아들인다.

그래서 큰 인물은 커다란 우주를 자기 집처럼 여기고 그 집에 있는 모든 물건을 적어도 한 번씩은 활용해 보려고 부지런히 움직인다.

가치 있는 물건은 값비싼 물건이 아니라 두루 쓸모 있는 물건이다.

자고로 큰 인물은 어떤 물건이든 그것에 가장 어울리는 역할을 찾아 의미 있게 활용할 줄 안다.

요컨대, 자신이 있는 자리에서도 충분히 삶의 가치를 발견할 수 있는 사람이 진정으로 지혜로운 사람이다.

아름다움을 부각시킬 수 있는
표현법을 배워라

아주 소수의 사람은 사물을 평가할 때 그것의 내실에 근거하여 판단하지만, 대부분의 사람은 그저 보이는 것으로 판단한다. 즉, 당신은 죽을힘을 다해 노력했다 하더라도 그 결실이 눈에 보이지 않으면 그것은 하지 않은 것이나 다름없다.

그래서 지혜롭지 못한 사람은 지혜로운 사람보다 훨씬 더디기 마련이다.

그들은 합리적이지 못한 방법으로 자신을 표현하기 때문에 남들보다 몇 배 노력하고 몇 배 많은 시간을 들여야 한다.

사람들이 자신의 전문 기술을 발휘하여 일을 완성

하는 것이야말로 진정한 능력이라고 말하는 이유도 여기에 있다.

솔직히 세상에는 정직한 사람보다 남을 속이는 사람이 많다. 게다가 현대사회는 이미 거짓과 조작된 것들로 가득하기 때문에 사람들도 하나같이 모든 사물을 깊이 있게 이해하려 하지 않고 오직 겉모양밖에 볼 줄 모른다.

사회가 발달할수록 사람들은 점점 이런 늪에 깊이 빠져들고 있다. 그래서 안과 밖이 일치하는 경우는 빙산의 일각에 지나지 않는다.

'보기 좋은 떡이 먹기도 좋다'라는 옛 속담처럼 내제된 아름다움 못지않게 외형적인 아름다움 역시 매우 중요하다.

내재된 아름다움과 보기 좋은 겉모양을 함께 겸비하고 있어야 그 가치를 제대로 인정받을 수 있다.

좋은 물건일수록
멋진 포장이 필요하다

사람들은 대부분 좋은 것과 나쁜 것을 구분할 줄
모르기 때문에 단순히 물건의 품질만 좋아서는 사
람들의 시선을 끌기가 부족하다.

사람들은 일반적으로 대중의 의견에 따르기를 좋아
한다. 예를 들어 그들이 어떤 장소에 가는 이유는
단지 다른 사람들이 그곳에 가는 것을 보았기 때문
이다.

그러므로 어떠한 물건에 대해 사람들의 호기심을
끌어내기 위해서는 당신이 먼저 그 물건을 칭찬하
는 모습을 보여야 한다.

그들은 당신이 칭찬하는 모습을 보고 그 물건을 다

시 한번 눈여겨볼 것이 분명하다.

사람들이 물건의 가치를 제대로 이해하도록 하기 위해서는 고도의 작전이 필요하다.

1) 훌륭한 물건에 그에 걸맞은 아름다운 이름을 지어주어라.

단, 말하기 좋고 듣기 좋되 너무 꾸몄다는 인상을 남기지 않는 이름이어야 한다.

2) 현장에서 인정받고 있는 전문가에게 그 물건을 팔아라.

사람들은 어떠한 분야에 정통한 사람을 동경하기 때문에 그러한 전문가가 호감을 갖는 물건이라면 그 물건에 대해서 신뢰를 갖게 된다.

3) 물건을 소개할 때는 무엇보다도 차별화된 기술이 중요하다.

너무 간단하고 평이하게 설명하면 그것은 언제든지 쉽게 얻을 수 있는 평범한 물건으로 보일 수밖에 없다.

그러므로 물건을 설명할 때는 그것의 특별한 점을 부각시켜 다른 사람들과 차별화될 수 있는 점을 집중 공략해야 한다.

이러한 차별성이 사람들에게 각인된다면 대중의 관심뿐만 아니라 고급스러운 취향을 가진 사람의 관심도 이끌어낼 수 있고 나아가 지혜롭고 신중한 사람까지 흡수할 수 있다.

자유로운
대화의 기술

대화는 사람의 진실한 성품을 제대로 추측할 수 있게 하는 기술이자 인간의 가장 보편적이면서도 신중함을 요구하는 행위이다.

삶의 성패는 사람들과 어떻게 교류하는가에 달려 있다. 그러므로 대인관계 형성에 필수적인 수단인 언어는 그 중요성에 대해 몇 번을 강조해도 지나치지 않다.

그런 점에서 편지를 통해서 나누는 대화는 자신의 생각과 감정을 신중한 고려를 통해 펜 끝에 호소하기 때문에 말로 하는 대화보다 더욱 신중할 수가 있다.

반면에 직접 말로 하는 대화는 자칫하면 실수할 가능성이 있기 때문에 상대방의 맥락에 제압당하기 쉽다.

어느 철학자는 '자유로운 대화를 통해 상대를 이해할 수 있다'라고 했다.

물론 어떤 사람들은 몇 마디 주고받는 대화 따위가 무슨 특별한 기술씩이나 되느냐고 치부해 버리겠지만 진정한 대화는 우리가 자연스럽고 당연하게 생각하는 것만큼이나 어렵기도 하다.

대화는 우리가 매일 옷을 입고, 밥을 먹는 것처럼 편안하고 자유스러워야 하기 때문에 쉽지 않다고 한다.

물론 친구와의 수다는 굳이 장소에 개의치 않고도 얼마든지 편안하고 자유롭게 주고받을 수 있지만 우아하고 고급스러운 식당에서의 형식적인 대화는 마냥 편하고 느긋할 수 없다.

또한 기껏 근사하게 차려입고 우아하게 앉아있다가

도 무의식중에 자신의 진짜 모습을 드러내고 만다.

성공적인 대화는 자신과 타인이 어느 방면에서 같은 생각을 가지고 있는가를 정확하게 인식하고 상대방의 말에 지나치게 트집 잡지 않는 것에서 출발한다.

만약에 당신이 상대방의 말끝마다 토를 달고 말을 가로막으면 상대방은 당신이 문법을 전공하였거나 직업적으로 교정을 보는 사람이라고 생각할지도 모른다.
이런 식으로 타인과의 교류를 회피하고 거부하는 사람은 기본적인 대화의 기술조차 모르는 경우가 많다.

용기에 지혜를 더하면
반드시 이긴다

만약, 평소에 꾸고 있던 꿈을 현실로 실현시킨다면 당신은 곧 고귀한 명성을 얻고 지도자의 반열에 오를 것이다.

그러나 그 꿈을 이루기에 당신의 실력이 다소 부족하다고 당신의 모든 가능성까지도 포기해버리면 안 된다.

게다가 당신의 부족한 부분이 일의 성패에 상당히 많은 영향을 끼치는 부분이라고 좌절할 필요도 없다.

꿈을 이루기 위해 뚜벅뚜벅 걸어가는 자신의 길에 장애물이 있다면 그것에 연연하지 않고 다른 길로 가면 그만이다.

용기는 당신의 길에 환한 빛을 비춰주고, 책략은 그 길을 빠르게 지나갈 수 있게 하는 방법을 제시해 준다.

용기와 책략이 서로 힘을 합치면 더 큰 힘을 발휘하지만, 경쟁자와의 치열한 싸움을 부추기는 책략은 의욕만 앞서게 한다.

이상이 높을수록
계획은 현실적이어야 한다

굳이 잘난 척하는 사람이 아니더라도, 우리가 일상에서 만나는 대부분의 사람은 자기가 남들보다 꽤 똑똑하며 앞으로 부자가 될 것이고, 머지않아 자신의 꿈도 이룰 것이라고 자신한다.

하지만 현실이라는 녀석은 상당히 짓궂어서 항상 사람의 뜻대로 움직이지 않는다. 그래서 사람은 현실에 눈을 뜨는 과정에서 허세와 공상의 허구성을 인정하는 일종의 고통을 겪게 된다. 좀 더 단도직입적으로 말하면 이상이 높으면 높을수록 그 이상을 이루기 위한 계획은 낮은 곳에서부터 시작해야 한다.

수많은 고통과 인내의 과정을 통해 마침내 원하던

결과를 얻었을 때 당신은 비로소 마음의 평안을 찾을 수 있다.

그렇다고 자신의 이상을 터무니없이 높은 곳에 두어서는 안 된다. 무슨 일을 하든 결과에 대한 기대치가 너무 높으면 그만큼 결과를 얻기도 어렵거니와 실패했을 때 겪게 되는 좌절도 크기 때문이다.

이상의 높고 낮음을 떠나 사람은 종종 경험 부족으로 잘못된 판단이나 틀린 결정을 내리기도 하는데, 이런 실수에는 '지혜'만큼 잘 듣는 약도 없다.

세상에는 실수를 치료할 수 있는 명약이 많이 있다. 그렇기 때문에 실패를 두려워하거나 도전을 피하지 마라.

그리고 꿈을 실현하고 싶다면 자신을 정확히 인지한 후 그 조건 위에서 차근차근 실천할 수 있는 현실적인 계획을 세워라.

반은
전부보다 많다

일하는 과정에서 반드시 남기는 미덕을 실천토록 하라. 잘해보겠다는 의욕이 앞서 당신의 모든 재능과 역량을 남김없이 다 써버리면 나중에 당신에게 남는 것은 아무것도 없다.

재능은 점차 완벽으로 기울고, 임기응변 능력은 당신의 둘도 없는 귀중한 무기가 될 수 있도록 끊임없이 당신의 역량을 갈고 닦아라.

원대한 생각과 주도면밀한 계획을 가지고 있는 사람은 항상 확실하고 안전한 방향을 고집하기 때문에 나쁜 결과란 있을 수 없다.

신비주의_1
속마음을 감춰라

신비주의는 사람들에게 일종의 기대심리를 갖게 한다. 그러므로 당신에 대한 신비감은 당신의 가치를 높여주는 촉매제와 같다고 할 수 있다.

아무리 하찮고 별 가치가 없어 보이는 일이라도 그것이 당신이 해야 하는 일이라면 절대 경솔하게 처리해서는 안 된다.

사소한 일에 임할 때도 신중함을 잃지 않도록 자신을 철저히 보호하라.

설사 속마음을 들켜버렸다 하더라도 주저리주저리 변명하지 말고 잠시 침묵을 지키고 모든 것을 폭로

하지 마라. 침묵이 당신을 보호하는 방패 역할을 충실히 해 줄 것이다.

만약에 이러한 요령도 없이 당신을 모조리 드러내 보인다면 좋은 평가를 받기는커녕 오히려 불합리한 대우를 받을 것이다.

게다가 당신이 좋은 성과를 거두지 못했을 때 당신에게 남겨지는 것은 사람들의 오해와 비난에 의한 큰 상처뿐이다.

성공한 사람 주변에는 그를 시샘하는 의심의 눈초리가 많다는 사실을 기억하고 최대한 그 시선을 즐겨라.

신비주의_2
생각을 감춰라

사람들은 쉽게 알아낼 수 있는 비밀은 별로 알고 싶어 하지 않으면서 도대체 진실이 무엇인지 아리송한 비밀은 꼭 알려고 한다. 마치 어렵게 노력해야 간신히 얻을 수 있는 물건이 더욱 값져 보이는 것처럼 사람들은 당신의 생각을 알기 어려울수록 당신을 높게 평가한다.

만약 당신을 다른 사람과 비교해본 결과가 기대보다 훨씬 더 좋게 나온다면 사람들은 당신을 높게 평가할 것이다.

그러므로 숨기는 면과 보이는 면을 적절하게 유지해야 한다.

그리고 지나치게 많이 드러내 보이면 오히려 나쁜 평가를 받게 될 수 있다는 점도 유의를 해야 한다.

'사람들과의 대화에서 당신의 생각을 감추라'는 근본적인 의미는 사람들이 당신의 말과 생각을 그들의 입장에서 경솔하게 지적하고 비난할 기회를 주지 말라는 뜻이다.

많은 사람이 정작 잘 알지도 못하면서 그것(혹은 그 사람)을 칭찬하고 좋아하는 이유는 단지 다른 사람들이 그것(혹은 그 사람)을 칭찬하거나 좋다고 말하는 것을 들었기 때문이다.
신비함은 확실히 증명할 수 없기 때문에 더욱 사람들의 이목을 끄는 강한 힘을 발휘한다.

신비주의_3
특기를 감춰라

어느 무술이든지 가장 특별한 기술은 그것을 가르치는 방법 또한 유달리 정교하고 심오하다.

당신의 특기를 드러내는 방법도 마찬가지이다. 당신만의 특기를 아끼고 감출 때 더욱 특별한 사람으로 대접받을 수 있기 때문에 언제 어디서든 쉽게 드러내지 말고 어쩌다 한번, 가장 중요한 순간에, 잠깐 보여줘야 한다.

예를 들어 성현의 도를 전하거나 지식과 기술을 전수할 때도 일종의 책략을 세워 조금씩 의문을 풀어주는 것처럼, 사람들에게 당신의 능력을 보여줄 때도 있는 그대로 한꺼번에 탈탈 털어주지 말아야 한다.

그렇게 해야 당신의 능력도 오랫동안 사람들 입에 오르내리고 당신의 명성 또한 그와 더불어 오래 지속될 것이다.

그리고 당신에게 의지하는 사람들도 당신을 믿고 그 곁을 변함없이 지키고자 할 것이다.

당신에게 조언이나 도움을 요청하는 사람이 나타난다면, 당신은 이 모든 것을 사전에 염두에 두고 그들의 기대감을 부추기면서 당신의 생각을 조금씩 전해야 한다.

일종의 제한을 두는 것은 경쟁사회에서 승리하는 중요한 기술이다.

중요한 상황에 임할수록 더욱더 이 점을 명심해야 한다.

신비주의_4
미완성의 걸작은 감춰라

언제나 가장 완벽한 모습으로 사람들 앞에 서도록
하라.

불완전한 과정을 너무 자주 드러내게 되면 불완전
에 대한 좋은 않은 인상이 사람들의 뇌리에 깊이
박힌다.

그렇기 때문에 후에 아무리 훌륭한 완성품이 나오
더라도 뇌리에 남아있는 안 좋은 인식 때문에 좋은
평가를 받지 못한다.

아무리 맛있는 음식이라고 할지라도 그것이 완성되
기까지 사람들을 너무 오랫동안 기다리게 하면 사

람들의 기대는 지루함이 되고, 그 지루함은 식욕을 잃게 한다.

훌륭하고 맛 좋은 음식과 마찬가지로 중요하고 훌륭한 일은 그것을 이루어가는 과정에 오랜 기간과 꾸준한 노력이 필요하다.

그렇다고 이 모든 과정을 사람들에게 다 보여주면 사람들이 흥미를 잃게 되는 것은 너무나 당연한 일이다.

그래서 지혜로운 사람은 중요한 일일수록 완성되지 않은 모습을 철저하게 감춘다.

비밀은
혼자만의 것이다

당신은 맛있는 과일을 다른 사람과 공평하게 나눠 가졌다고 생각하겠지만 실제로 당신이 가지고 있는 것은 과일을 깎고 남은 껍질뿐이다.

주위를 둘러보라. 비밀을 다른 사람과 공유한 뒤 나쁜 결과를 얻는 사람이 얼마나 많은가.

비밀은 다른 사람과 나누는 순간 탕 속에 넣자마자 흐물흐물해져 버리는 식빵으로 만든 숟가락이 되고 만다.

다른 사람의 비밀을 아는 것은 특권이 아니라 일종의 책임임에도 사람들은 비밀을 너무 쉽게 생각하는 경향이 있다.

거울은 사람의 모습을 그대로 비춰준다. 못난 구석을 예쁘게 보여주는 법은 절대 없다. 솔직히 자신의 못난 꼴을 보는 일은 거울을 깨고 싶은 충동을 느낄 만큼의 큰 치욕 거리이다.

자기 혼자서 봐도 부끄러운 이 모습을 다른 누군가에게 보였다면 설사 그 사람이 전혀 개의치 않는다고 하더라도 그 시선이 곱게 받아들여질 리 없다.

비밀을 공유하는 일은 자신의 좋은 기회를 남에게 거저 넘겨주는 것과 다름없다. 게다가 세상에서 가장 위험한 일은 친구 사이에 서로의 비밀을 털어놓는 일이다.

자신의 비밀을 다른 사람에게 말하는 순간 당신은 그 사람의 노예가 된다는 사실을 명심하라.

진실 앞에서도
침묵을 지켜라

진실을 폭로하는 일은 자신(혹은 그 사람)의 심장을 꺼내는 것과 같기 때문에 고도의 세심한 기술이 필요하다.

하지만 가장 훌륭한 기술은 진실을 폭로할 적당한 기회를 잡았을 때도 묵묵히 말하지 않는 것이다. 한순간 잘못 내뱉은 한 마디 때문에 그동안 당신이 성실하게 쌓아온 명성이 나락으로 떨어질 수도 있기 때문이다.

누군가의 무책임한 발언으로 인해 피해를 입거나 불이익을 당한 사람은, 그저 조금 재수가 없었을 뿐이라고 생각하고 스스로를 위안하며 가볍게 넘어갈 수도 있다.

하지만 그와 반대로 무책임한 발언을 한 사람은 단순한 실수였다고 둘러댈 자격도 없거니와 잘못에 대한 막중한 책임도 짊어져야 한다.

잘 모르는 일을 아는 척 떠들어대거나 설사 무엇을 조금 안다고 하더라도 함부로 말하지 마라.

침묵은 자신을 위하고 타인을 위하는 가장 좋은 방법이다.

마음의 꿍꿍이는
천재라는 표시이다

솔직하게 마음을 표현하는 것은 대중들 앞에 비밀 편지를 펼쳐 보이는 것과 같다. 중대한 사안은 언제나 거대한 공간 사이에 존재하는 미세한 틈 안에 그 정체를 숨긴다는 사실을 명심하라.

사람도 마찬가지이다. 다른 사람은 이해하지 못하는 자신만의 세계를 가진 사람이 훗날 가치 있는 인재로 성장을 한다. 그래서 소위 '천재'라고 불리는 사람은 시종일관 마음에 무언가를 감추고 자신만의 세계에 빠져 있다.

그러나 애석하게도 대다수의 사람들에게 천재라는 호칭은 낯설기만 하다. 사람들은 대부분 사람들의 시선을 의식하고 그들의 기대치에 부응하고자 숨 가쁘게 달리기 때문에 언제나 타인과의 경쟁상태에 자신을 노출시키고 있다.

경쟁상태에서 상대방의 마음을 알고 싶다는 바람은 곧 그를 제압하고 싶다는 심리적 욕구를 의미한다. 결국 출세는 이러한 자신의 욕구를 적절히 활용할 줄 아느냐에 달려 있는 것이나 마찬가지이다.

물론 제아무리 명석한 천재라도 자신의 비밀이 새 어나가는 일을 완전히 막아내기란 결코 쉽지가 않 다. 하지만 당신의 세계가 타인에 의해서 침입 받는 다면 이것은 당신에 대한 함축적인 위협이라는 사 실을 명심해야 한다.

일을 다 끝마치지 않았으면 당신의 계획을 절대 입 밖으로 꺼내지 말고, 설사 말을 하더라도 적당한 때 가 아니라면 열었던 입도 다시 닫아야 한다.

열 길 물속은 알아도
한 길 사람 재능은 모른다?

당신이 알고 있는 것을 다른 사람은 모르게 하라. 당신의 재능을 모른다 해도 아무도 실망하지 않는다. 주의 깊고 신중한 사람은 다른 사람에게 인정받고 싶을 때 다른 사람이 자기의 지혜와 용기를 깊이 헤아리지 못하게 한다.

사람들이 당신을 인정하고 존경을 한다할지라도 그것에 안주하지 말고 당신의 재능을 끊임없이 추측하고 의심하게 하라.

숨겨진 재능은 완전히 드러내기보다 호기심과 의구심을 갖도록 하는 편이 훨씬 좋다.

도대체
진짜 의도는 어디에?

사람은 자신을 드러낼 때 어느 정도 값어치가 있어 보이도록 포장하는 것이 좋다. 자신을 확연하게 드러내는 사람은 분명 도태되기 마련이다. 이왕이면 다른 사람이 야심을 품고 노리는 대상이 되지 마라.

억누르기 힘든 욕망은 진실한 의도가 새어나가는 큰 문과 같다.

다른 사람이 자신의 그릇된 기준으로 당신의 생각을 얕잡아본다 해도 절대로 쉽게 드러내서는 안 된다. 그 누가 어떤 방법을 취하든 당신은 그가 당신의 진짜 의도를 발견하기는커녕 예견하지도 못하게 하라.

자신의 의도를
지나치게 숨기지 마라

깊이 숨겨둔 진짜 의도는 신중하게 생각해서 정도껏 드러내야 한다.

절대 쉽게 드러내서는 안 된다. 더욱이 책략의 기술은 사람들의 의심을 모으고 화나게 할 수도 있기 때문에 더욱더 신비하게 포장해야 한다.

그리고 남에게 속지 않도록 항상 조심해야 한다.

당신의 숨겨진 의도를 파헤치기 위한 사기가 도처에 도사리고 있기 때문에 당신은 자기방어 심리를 한시도 늦추지 말아야 한다.

그렇지 않으면 여차하다가 사람에 대한 근본적인 신뢰까지도 잃을 수 있다.

한편으로 자신의 의도를 지나치게 숨겨서 당신의
방어심리까지 들켜버린다면 당신은 오히려 더 큰
상처를 입을 수 있다.

일할 때는 신중히 생각하고 행동을 해야 많은 것을
얻을 수 있다.

어떤 행동 하나가 타당한지 아닌지 반성해 보는 일
은 매우 중요하다.
그리고 이렇게 자신을 판단할 때는 당신의 행동이
얼마나 주도면밀하였는가를 기준으로 삼아야 한다.

아무런 상처도 없는
완벽한 당신

만약 당신이 상처를 입었다면 다른 사람에게 말하지 말고 그 상처를 숨겨야 한다. 그렇지 않으면 당신은 나쁜 사람들의 노리개가 되기 십상이기 때문이다.

나쁜 사람들은 언제나 다른 사람의 약점이나 상처를 건드릴 기회를 호시탐탐 노린다. 그래서 당신이 마음에 상처를 입고 의기소침하여 좋지 않은 얼굴빛을 드러낸다면 그들은 곧장 당신을 비웃음거리로 만들어버릴 것이다.

게다가 그런 사람들은 음흉한 속셈으로 당신을 더욱 화나게 할 수 있는 방법을 항상 찾고 있기 때

문에 어느 순간 당신의 상처를 발견하게 되면 계
속해서 그 상처를 건드려 자꾸 덧나게 하려고 할
것이다.

당신은 그들이 좋은 의도로 다가오건 아니건 상관
하지 말고 무조건 당신의 우울한 속마음부터 숨겨
야 한다.

운명은 언제든지 사람을 가지고 장난하거나 당신의
뒤통수를 칠 수도 있다.

당신이 생각하기에 수치라고 여겨지는 부끄러움과
당신의 재수 없는 악운은 마음속 아주 깊은 곳에
묻어두고 철저히 숨겨야 한다.

결점에 대처하는
현명한 방법

사람의 감정은 수없이 많은 포장지로 싸여있다. 특히 자신의 결점을 드러내고 싶지 않은 마음은 더더욱 그러하다.

성인(聖人)이 아닌 이상 그 누구도 자신의 결점에 대해 관대할 수 없기 때문에 제각기 각자의 방식으로 자신의 결점에 대처한다.

상대방이 결점을 감추고 싶어 할 때, 지혜로운 사람은 모르는 척하면서 그냥 넘어가거나 오히려 그의 잘못이 드러나지 않도록 가려주지만, 어리석은 사람은 상대방의 다른 결점까지 들추어내서 그것을 더욱 과장하려고 한다.

훌륭한 명성의 반은 타인의 '선(善)'을 훔쳐 와 얻은 것이나 다름없다.

당신의 명성이 모두 스스로 올바르게 행동한 덕분이라고 생각하면 큰 오산이다.

속세에 때 묻지 않고 양심을 위해 목숨이라도 내놓을 수 있는 사람이라면 말과 행동을 신경 쓰지 않아도 저절로 문제될 것이 없다.

그러나 대부분의 사람들은 사리사욕에 눈이 멀면 양심을 쉽게 버릴 수 있기 때문에 눈앞에 보이는 이익에 현혹되지 말고 언제나 말과 행동을 하는 데 있어 각별하게 조심하도록 세심한 주의를 기울여야 한다.

위대한 사람이 저지르는 잘못은 마치 일식이나 월식과 같다. 즉, 보이지만 보이지 않는 것과 같다는 뜻이다.

위대한 사람들은 설사 자신이 결점을 갖고 있어도

그것을 있는 그대로 다 털어놓지 않는다. 그래서 사람들은 그가 완전무결하다고 생각하거나, 설사 그의 결점을 발견하더라도 대수롭지 않게 여긴다.

가능하다면 사회생활을 할 때도 이 점을 각별하게 명심하라.
결점에 현명하게 대처하는 사람은 반드시 출세의 길이 열릴 것이다.
그러나 사실 그럼에도 대부분의 사람들이 성공하지 못하는 이유는 실컷 배워놓고 돌아서면 잊어버리는 불치의 건망증 때문이다.

자신을
한 가지 틀에 가두지 마라

사람들은 저마다 나름대로의 관점을 가지고 있고, 갖가지 다른 이유로 자신의 관점을 지지한다.

또한 사람의 관점은 항상 감정의 지배를 받기 때문에 오랜 시간 동안 치열하게 논의를 계속하다 보면 이성적으로 판단하지를 못하고 자신의 의견만을 고집스럽게 주장하게 되는 경우를 어렵지 않게 발견할 수 있다.

만약에 당신이 감정의 지배를 받는 경우에 놓인다면 맹목적으로 고집하지 말고 시기와 상황을 합리적으로 잘 살펴서 자신의 관심을 되짚어 보는 편이 좋다.

경우에 따라서는 전혀 상반된 각도에서 다른 시각으로 자신의 관점을 설명한다거나, 다른 사람의 입장에서 해결의 실마리를 찾아보는 것도 큰 도움이 된다.

어떤 경우에라도 절대로 어느 한 가지 틀에만 자신을 가두고 독단적이고 맹목적으로 생각해서는 안 된다.

항상 이성적인 마인드를 잃지 말고 타인의 비난에 지혜롭게 대처하며 자신을 보호할 줄 알아야 한다.

멸시하거나
비난하지 마라

열등감으로 스스로를 멸시하거나 분수에 맞지 않게
허영 부리는 일은 모두 자기 자신에 대한 가혹한
비난이다.

사람은 자기 자신을 잃었을 때 가장 두렵다고 한다.
특히 정확한 판단력을 잃었을 때는 타인의 비웃음
거리밖에 될 수 없다.

거리낌 없는 친구 사이에서도 자신의 생각과 의도
를 정확히 밝혀야 서로 비웃고 감정이 뒤틀려 사이
가 멀어지는 결과를 피할 수 있다.

특히 자주 대중 앞에 나서야 하는 사람은 그 사람
의 말 한마디와 작은 행동 하나하나가 대중에게 큰

영향을 끼친다.

그러므로 요직을 맡고 있어 대중 앞에 자신을 드러내야 하는 사람일수록 항상 이러한 가능성을 염두에 두고 자기 자신에 대한 신념을 굳게 지켜야 한다.

또한 자신의 오만으로 다른 사람을 비난하는 일도 올바르지 못한 태도이다.

당신의 경솔한 비난으로 다른 사람에게 꽂았던 비수가 어느 순간 당신의 심장을 찌를 수도 있다.

그렇게 되면 당신은 사람들에게 저속하고 불손하다는 손가락질을 받게 될 것이다.

허풍을
떨지 마라

간혹 어떤 사람은 말이 입 밖으로 나오는 즉시 쓰레기가 되어버린다. 그들은 말을 할 때 아무런 생각 없이 나오는 대로 마냥 지껄이기 때문에 그들의 말을 듣고 있노라면 세상 모든 것이 공허하고 의미가 없다. 그러면서도 그들은 뻔뻔스럽게 사람들에게 갈채를 요구한다.

어떤 사람은 거지가 동냥하듯이 명예를 구걸하지만 어떤 사람은 식량을 모으는 개미처럼 자신의 명예를 차곡차곡 쌓아간다.

지혜로운 사람은 자신의 목표가 지나친 욕심에서

비롯된 것이라면 차라리 깨끗하게 포기한다. 또한 자신의 양심을 버리면서까지 높은 지위와 명성을 엿보지 않는다.

이렇게 뛰어난 재능과 지혜로운 두뇌를 가진 사람은 허영과 자만을 삼간다.
허황하고 상식에 맞지 않은 일은 비웃음거리만 낳을 뿐 결코 당신이 원하는 결과를 가져다주지 못한다.
내실이 다져진 영웅이 사람들의 존경을 받는 까닭은 그의 인품과 재능이 성실한 땀으로 일구어진 것이기 때문이다.
마음의 허영을 버리고 자신의 길을 묵묵히 걷는 사람만이 강한 자부심을 가진 내실 있는 영웅이 될 수 있다는 사실을 명심하라.

진흙 속의 진주는
쉽게 눈에 띄지 않는다

자신의 재능을 뽐내지 않고 다소 어수룩하게 행동하는 것은 재능과 학문이 뛰어난 사람들이 자주 쓰는 고도의 눈속임 술이다.

무릇, 어리석은 사람에게는 지혜가 필요 없지만, 미치광이에게는 그것에 더해서 이성까지 필요가 없다.

그래서 어리석은 사람과 미치광이는 무슨 일이든지 무조건 자기가 처리하는 방식대로 해결하려고 한다.

그들은 그러한 척 가장한 것이 아니라 천성이 그렇게 타고난 것이다.

그렇기 때문에 그들은 영원히 어리석을 수밖에 없다.

지혜로운 사람의 어수룩한 행동은 어디까지나 일부러 멍청한 척, 모자란 척했던 것이기 때문에 언제든지 그의 지혜로운 본성을 드러낼 준비가 되어 있다.

인정받고 싶다면 재능을 뽐내고 싶어 안달이 난 사람처럼 굴지 말고 조금은 어수룩하게 행동하면서 먼저 여유롭게 전체적인 형세를 지켜보는 것이 유리하다.

아주 똑똑이는
헛똑똑이다

지나치게 총명한 것보다는 차라리 멍청한 것이 더
낫다.

머리로 계산을 하는 사람들은 항상 심기가 복잡해
서 하는 일마다 꼬이기가 쉽기 때문에 결국에는
스스로 망가지고 자체 모순에 빠지는 경우가 허다
하다.

그러므로 이런 사람들은 생각을 너무 많이 하지 말
고 가장 상식적인 방법으로 행동하는 편이 더욱 안
전하다.

물론 총명함을 인정받는 것도 좋기는 하다. 그렇지
만 지나치게 학문적으로 빠지다 보면 결국 이해해

주는 사람 하나 없이 자기 생각의 깊은 골짜기에 빠져버리고 만다.

자기중심의 학문적 이론은 원만한 대인관계를 방해한다.

그러므로 중요한 논단에서 인정받은 확실한 이론이 아니면 당신의 학문적인 소견은 함부로 입 밖으로 꺼내지 말아야 한다.

빛 좋은 개살구인가
속 빈 강정인가

다이아몬드가 발견하기 힘든 곳에 숨겨져 있는 것처럼, 내재된 것은 외관보다 훨씬 더 가치 있다.

어떤 사람은 쓸데없이 좋은 표정만 가지고 있어서 빛 좋은 개살구나 수리 대금이 부족해 대문만 고쳐 놓은 집과 같다.

그런 집은 들어가는 입구만 화려할 뿐 실내는 엉망진창이어서 발 디딜 틈도 없다.

집주인은 스스로 얼마든지 마음 편하게 쉴 수 있는 공간이라고 아무렇지 않게 말하겠지만 그 집을 방문한 손님들의 심사는 그다지 편하지 않다.

일단 손님들은 집 안에 들어가면서 '하하, 호호' 웃

으며 인사치레로 듣기 좋은 말 몇 마디를 건넬 것이다.

그러나 그것도 잠시뿐, 손님들은 이내 기도원에 들어온 수련생처럼 정숙해진다는 사실을 명심하도록 하라.

매사를 건성으로 대처하는 사람은 외관에 쉽게 속아 넘어가지만, 눈치가 빠른 사람은 그렇게 호락호락하지 않다.

눈치가 빠른 사람은 상대방의 말과 행동이 진실인지 가짜인지를 어렵지 않게 판단할 수 있기 때문에 그 겉모습을 보고 금세 속 빈 강정이라는 사실을 눈치 챌 것이다.

방향을 잃고
엇나가지 마라

자꾸 사람들과 반대 방향으로 엇나가는 사람은 그저 자기만 피곤하고, 결국은 사람들의 구박덩어리가 된다. 지혜로운 사람은 대인관계에서 엇나가는 행위를 어떻게 조절해야 하는지 잘 안다.

어리석은 사람은 친절하고 호의적인 대화도 치열한 설전(舌戰)으로 바꿔버리는 타고난 능력을 가지고 있다. 그렇기에 그들에게는 친구도 적인 셈이다.
맛있는 음식을 앞에 놓고도 사소한 결점을 들춰내어 즐거운 식사시간을 방해하는 당신은 같은 테이블에 앉은 일행의 구박덩어리이다.

일의 요구사항보다
기술을 한 수 위에 놓는다

훌륭한 기술이 위대한 성공을 거둔다.

당신의 기술을 일의 요구사항보다 한 수 위에 올려놓아라.

당신이 보유하고 있는 기술보다 앞선 요구사항을 받고 일에 끌려다녀서는 안 된다.

어떤 일에 임하든지 당신에 대한 대우가 당신이 갖고 있는 기술에 비해 다소 박하다는 인상을 심어주어야 한다.

그러기 위해서는 당신의 분야에서 요구하는 뛰어난 능력을 보유하고 그 능력을 적절히 드러내는 요령도 간파하고 있어야 한다.

도량이 작은 사람은 어려운 일이 겹치면 겹칠수록 무거운 부담을 느끼고 결국 일을 망쳐 자신의 명성도 잃고 만다.

그러나 위대한 왕이 실패를 거듭하면서도 훌륭한 업적을 남길 수 있는 이유는 스스로 자신이 군왕이라는 사실에 자부심을 갖고 스스로 용감한 사나이라는 최면을 걸었기 때문이다.

그러므로 위대한 성공을 거두기 위해서는 훌륭한 기술뿐만 아니라 강인한 정신력과 반드시 이룰 수 있다는 자신감도 갖추어야 한다.

무시하기의
힘

얻고 싶은 물건을 손에 넣을 수 있는 가장 좋은 방법은 그것을 거들떠보지 않는 척하면서 은근슬쩍 유인하는 방법이다.

세상의 모든 소중한 것들은 정작 찾을 때는 보이지 않다가 생각하지도 못한 순간에 눈앞에 '떡!'하고 나타난다. 세상에 존재하는 만물은 결코 사람 마음대로 움직이지는 않는다. 따라서 당신이 쫓아가면 멀리 도망가고 당신이 도망치려고 하면 되레 죽어라 쫓아온다.

사람들이 한결같이 갈망하는 성공도 마찬가지이다. 쉬울 것 같으면서도 결코 아무나 이룰 수 없는 것이 바로 성공이다.

'무시하기'는 잡힐 듯 안 잡히는 성공의 그림자를 효과적으로 거머쥐게 할 수 있는 은밀한 작전이다. 특히 교활한 사람이 이러한 은밀한 작전을 좋아한다. 그들은 항상 자기보다 위대한 사람을 라이벌로 삼고 그의 명성에 가까워질 기회를 엿보기 때문에 근본적으로 꿈이 소박하고 포부가 작은 사람은 그들의 눈에 띄지 않는다. 그래서 포부가 작은 사람은 이미 위대하거나 위대함을 바라는 사람들의 '무시하기'에 의해 자연히 도태된다.

'무시하기'는 포부가 작은 사람들에 대한 따끔한 처벌이다. 그렇기에 별로 내세울 것이 없는 사람일수록 자기가 나서서 세상 사람들에게 자신을 인식시켜야 한다. 큰일이든 사소한 일이든, 좋은 일이든 나쁜 일이든 세계 역사에 남게 되는 일을 했을 때, 최소한 이름 석자만이라도 남길 수 있게 말이다.

한편으로 '무시하기'는 자신을 높이는 좋은 방법이다. 누군가가 당신과 겨루고 싶어 한다는 의미는 그가 당신의 우월함을 인정한다는 뜻이다.

그러한 사실에 야릇한 기쁨을 느끼는 것은 아주 당연한 일이지만 그렇다고 자만하여 상대방의 부족함을 비난하면 안 된다.

타인을 비난하고 상처받는 사람은 비난받는 사람이 아닌 비난하는 사람, 즉 당신이라는 사실을 명심하라. 상대방을 다치게 하면 그 뒤에 남는 것은 땅바닥에 떨어진 당신의 명예뿐이다.

누군가 당신의 우월함을 해치려고 할지라도 결코 그를 비난하거나 다치게 하지 말고 모르는 척 무시하라. 아무리 당신을 뛰어넘겠다고 한들 어차피 당신의 숨겨진 역량은 헤아리지 못하고 있기 때문에 결국 당신 앞에 무릎을 꿇을 것이다.

본능에 의한
욕구를 통제하라

항상 이성의 끈을 놓지 말고 본능에 의한 욕구를
통제해야 한다.

조심스럽고 신중한 사람이라도 평소에는 본능을 쉽
게 통제하다가도 어느 순간 마음이 뒤숭숭하고 생
각이 복잡하면 '아차!'하는 순간에 이성의 끈을 놓아
버릴 수 있다.

만약 통제력을 잃어버릴 것 같은 위기를 느끼면 우
선 마음을 차분하게 가다듬어라.

사실 이러한 방어는 상당히 높은 수준의 통제력을
요구한다.

하지만 일단 이러한 통제력을 갖게 되면 당신은 아

주 빠른 시간 안에 당신의 노여움을 평정할 수 있을 것이다.

반드시 멈춰야 할 때 곧바로 멈출 수 있는 것이 바로 본능을 제대로 통제하는 능력이다. 항상 흥분상태에 있는 사람은 자신의 본능을 자극하는 충동기제들을 제대로 통제하지 못한다.

본능은 항상 이성에 영향을 미치지만 매 순간 심리상태에 따라 그 정도가 달라서 스스로 본능적 사고와 행동에 대한 경각심을 갖는다면 어느 정도 통제력을 가질 수 있다.
그러면 당신의 판단력도 조금씩 좋은 방향으로 발달할 것이다.

일에 대한
편견을 극복하라

어떤 직업은 대부분의 사람들이 고개를 끄덕이며 양팔 벌려 환영하지만, 또 어떤 직업은 상당한 발전 가능성이 있는 일임에도 사람들의 주목을 끌지 못한다.

일반적으로 전자를 쫓는 사람이 많고 후자를 선택하는 사람은 아주 드물다.

많은 사람이 알아주는 일은 아니더라도 그 일에 깊은 조예를 가지고 가능성을 멀리 내다보는 사람은 굳건히 자신의 임무를 완성한다.

깊은 산중의 희귀한 열매가 상당한 가치를 지닌 진귀한 물건인데도 불구하고 그 가치를 제대로 인정받지 못하는 이유는 그것이 세상에 알려지기 어렵기 때문이다.

그러나 진정한 성공을 거둔 사람은 자기 일에 대한 사람들의 편견과 일의 본래 가치를 인정받지 못하는 서러움을 극복했다는 사실을 명심하라.

자기 일에 열정을 바치고 큰 희생을 감내한 사람이 결국에는 큰 성공을 거둔다.

사람들 앞에서 자기 일을 정확히 밝힐 수 있는 자신감을 가지고 그 분야에서 인정받는 사람으로 성장한다면 당신은 반드시 후세에 길이 남을 훌륭한 명성을 얻게 될 것이다.

뱀의 머리보다는
용의 꼬리가 낫다고?

빠른 손으로 가장 유리한 기회를 잡아라. 손이 빨라야 성공한 사람이 될 수 있다.

손이 빠른 사람은 균등한 조건에서 재빨리 유리한 기회를 잡기 때문에 그렇지 않은 사람보다 좋은 것들을 더 많이 취할 수 있다.

어느 분야의 최고 권위자라도 추후에 다가오는 좋은 기회를 재빨리 거머쥐지 않으면 곧바로 다른 사람에게 자신의 지위를 넘겨줘야 한다.

이를테면, 가장 먼저 기회를 잡는 사람은 맏아들이고 그다음에 차선책을 잡는 사람은 차남이라고 할 수 있다.

손이 느린 사람은 다른 사람이 먹다가 남긴 찌꺼기를 주워 먹을 수밖에 없을 것이고, 아무리 근면하게 노력을 한다고 해도 앞 사람의 꽁무니만 쫓아갈 뿐이다.

먼저 기회를 거머쥔 사람은 재덕을 겸비한 인재로 보통 사람보다 더 빠르게 발전하지만, 그의 뒤꽁무니를 따라온 사람들은 그를 뛰어넘지 않는 한 언제나 그 위치에 있을 수밖에 없다.

그러면서 결국에는 자신을 이렇게 합리화할 것이다.

'흥! 뱀의 머리보다는 용의 꼬리가 낫지.'

능숙한 말솜씨와
민첩한 행동

능숙한 말솜씨로 사람들의 시선을 멈추게 하고 매사에 민첩하게 행동하는 사람은 어디에서나 인정받고 자신이 원하는 바를 이룰 수 있다.

그들은 동료들과 대화를 하거나 여러 사람 앞에서 연설할 때도 항상 분위기를 주도하며, 심지어는 시장에서 사소한 가격 흥정을 할 때도 능숙한 말솜씨로 재기를 발휘한다.

궁지에 몰렸을 때 이판사판으로 달려드는 사람은 결코 그 상황을 극복할 수 없다.

전후 과정을 빠르고 정확하게 감지하고 침착하게 상대방을 이해시키는 사람이 원하는 바를 얻을 수 있다.

이렇게 자신의 뛰어난 재기를 재빨리 발휘하여 난관을 극복하는 자세가 중요하다.

그러나 자신의 장점을 활용하지 못하고 소극적으로 다른 사람에게 질질 끌려다니기만 하면 결코 좋은 성과를 얻을 수 없다.

진정한 승리자는 싸움에서 뛰어난 말솜씨로 상대방을 제압하며, 민첩한 행동으로 그를 제압할 수 있는 결정적인 기회를 놓치지 않는다.

요컨대, 뛰어난 말솜씨와 민첩한 행동을 겸비한 사람이 성공을 거둔다.

필요한 순간에
필요한 것만 말하라

확실하게 모르는 일을 추리할 때는 신중하고 정확하게, 논리적으로 사고해야 한다.

예전에는 대세에 따라가는 것이 일반적이었지만 지금은 이런 방법이 잘 통하지 않는다.

생활에서 사람들을 만날 때 상대방이 말해주고 드러내기 전에 먼저 눈치채고 적절히 행동하는 기술은 상당히 요긴하다.

간단하게 보이는 일일수록 어떤 기술을 쓰느냐에 따라 정말로 쉬울 수도 있고, 의외로 골치가 아플 수 있다.

상대방이 당신에게 무심코 내뱉는 말과 그때의

표정을 세심하게 살펴보고 어떤 상황에서 빠져야 할 때 알아서 빠져주는 직감적인 센스가 있어야 한다.

그래야 쓸데없는 다툼과 오해를 피할 수가 있다.

눈치가 빠른 사람은 매 순간 상대방의 속마음을 체크한다.

사람은 말과 표정에 모든 것이 드러나기 때문에 무슨 생각을 하고 있는지 헤아릴 수 있다. 그러므로 이런 기술이 부족한 사람은 지혜롭고 능력 있는 사람이라는 평가를 기대하기 어렵다.

하지만 상대방의 진심을 꿰뚫어 봤다고 해도 단도직입적으로 "당신이 그렇게 말해도 사실 난 다 알고 있어!"라고 말하면 안 된다.

지혜로운 사람은 모든 것을 다 알고 있다고 하더라도 정말 필요한 순간에 정말 필요한 말만 한다. 이렇게 말을 아끼는 가장 큰 이유는 자신의 기준으로 경솔하게 단정을 짓는 오류를 피하고, 조금 더 자세하게 그 사람을 이해하고 그 뜻을 헤아리기 위해서이다.

간단해 보이는 일이라고 너무 가볍게 여겨서는 안 된다.

마찬가지로, 해(害)가 될 것 같은 일은 그럴 가능성을 최대한 염두에 두고 제대로 대처해야지 '설마, 설마……'라는 안일한 생각과 태도를 가져서는 안 된다.

꿈을 이루기 위한
탁월한 선택의 기술

중요한 순간에 선택을 잘하는 기술은 삶에 많은 영향을 끼친다.

큰일을 이루기 위해서는 그에 상응하는 재능과 노력, 그리고 훌륭한 성품과 정확한 판단 능력이 중요하다.

그렇지만 일을 완벽하게 완성하기 위해서는 무엇보다 세심한 분석력과 탁월한 선택의 기술을 반드시 갖춰야 한다.

탁월한 선택은 다음 두 가지 재능과 관련된다. 하나는 선택을 할 수 있는 능력이고, 다른 하나는 수많

은 가능성 중에서도 가장 적합한 하나를 가려낼 줄
아는 능력이다.

신중하면서도 재빠르게 판단할 줄 아는 사람이 바
로 지혜로운 사람이다.
그런데 어이없는 일은 그렇게 지혜로운 사람들도
정작 결정적인 순간에는 그만 어이없는 선택을 하
기도 한다는 사실이다.
마치 일을 그르치는 능력이 가장 우수한 것 마냥
항상 가장 나쁜 선택을 한다.
신이 인간에게 내려준 위대한 능력 중 하나는 바로
'선택의 기술'이다.
이 기술을 당신의 인생에 잘 활용하라.

'싫어!'
거절의 노하우

도움을 요청받았다고 해서 무엇이든지 다 들어주는 사람은 세상에 거의 없다.

이때 상대방의 도움 요청을 승낙하고 거절하는 일은 둘 다 중요하다.

특히 많은 사람을 거느려야 하는 높은 지위에 있는 사람일수록 승낙과 거절의 균형을 잘 유지할 줄 알아야 한다.

그런데 대부분의 사람이 승낙보다 거절을 어려워하는 이유는 어떻게 거절하느냐에 따라 그 결과가 극과 극을 달릴 수 있기 때문이다.

즉, 사람들이 일반적으로 느끼는 거절의 어려움은

'어떻게 거절하느냐?'이다.

흔쾌하게 '좋아!'라고 하는 것보다 '싫어!'라고 살짝 운을 떼는 것이 상대방을 자기 편으로 끌어들이기에 더욱 유리하다.

사람들이 진심과 다르게 '싫어!'라고 말하는 것도 마찬가지이다.

먼저 '싫어!'라는 말을 해서 상대방의 흥을 깼다가 다음에 '좋아!'라고 하면 상대방이 더 큰 호감을 나타내기 때문이다.

일반적으로 사람들은 무조건적인 승낙보다 거절 후의 승낙을 더욱 기뻐한다.

만약 어떤 일을 이루기 위해서 실패라는 과정이 반드시 필요하다면 절망하는 가운데에도 반드시 한 가닥 희망을 남겨 놓도록 하라.

그래야 실패를 하더라도 언젠가는 달콤한 희망이

그동안의 좌절을 보상해줄 것이라고 기대감을 갖게 된다.

그리고 거절해야 하는 상황이 왔을 때는 경솔하거나 거만하게 굴지 말고 최소한의 도리를 지켜 예의 바르게 대처해야 한다.

그 부탁에 대해 행동으로 보상할 수 없다면 말로라도 반드시 보상하라.

그리고 거절할 때는 '싫어!'라는 말을 '도저히 안 되겠어.', '미안해.'라는 보다 완곡한 표현으로 대신하는 것이 좋다.

재치 있게
화제를 돌리는 기술

곤란에 처했을 때 재빨리 도망치는 일은 어려움을 벗어나는 훌륭한 기술 중 하나이다.

그리고 수준 높은 유머도 곤경에 처해서 힘들어하는 사람을 구해주거나 어려움에 봉착해 있는 자기 자신을 안전한 곳으로 대피시켜주는 재치 있는 기술이다.

이 두 가지 기술의 공통점은 적과 정면승부를 하지 않는다는 점이다.

누군가와 대화를 나누다가 피하고 싶은 이야깃거리가 나오면 우호적인 말이나 가벼운 농담으로 자연스럽게 화제를 바꾸는 재기를 발휘할 줄 알아야 한다.

만약에 그것도 쉽지 않다면 차라리 무슨 말인지 못 알아듣는 척하는 것도 어쩌면 현명한 처사일 수 있겠다.
이처럼 재치 있게 말 돌리는 기술은 별로 내키지 않는 상황에서 효과적으로 빠져나올 수 있는 좋은 방법이다.

외적인 성숙보다
내적인 성숙이 중요하다

자기 자신을 정확하게 관찰하라.

자기 자신을 정확하게 알지 못하면 통제가 불가능하다.

사람들은 너나 할 것 없이 대부분 외적인 모습을 중시하는 경향이 있어서 항상 외적 관리에만 신경을 쓴다.

하지만 단순히 겉으로 보여지는 모습에 연연하기보다는 스스로 자신의 내적인 모습까지 곰곰이 돌이켜봐야 한다.

그것은 무엇보다도 내적인 모습의 변화와 성장이 진정한 자아 발전을 실현하기 때문이다.

일을 현명하게 처리하기 위해서는 자신의 장점과 단점을 스스로 정확하게 파악하고 있어야 하기 때문에 내적인 성숙은 외적인 그것보다 훨씬 더 중요하다.

그리고 어떤 목표에 도전하고자 한다면 당신이 알고 있는 자신의 모든 장점을 활용하여 문제해결 능력을 시험해 보라.

전성기에 있을 때
과감하게 물러나라

현명한 노름꾼은 푼돈에 연연하지 않고 더 큰 이득을 위해 아쉬운 시기에 과감히 돌아선다.

이처럼 성공했을 때 물러나는 것은 자신을 보호하는 현명한 방법이다.

사람은 끊임없이 좋은 일만 계속되면 왠지 의심하고 불안해하지만, 좋은 일과 나쁜 일이 교차하면 심신의 안정을 느낀다.

그래서 사람들은 마냥 순탄했을 때보다 힘든 와중에 얻었던 보람과 즐거움을 더욱더 소중하게 여기고, 그로 인해 쓰라렸던 지난날을 쉽사리 잊지 않는다.

Chapter 1

행운은 예견하지 않고 바람처럼 왔다가 사라지는 도박과 같다. 그렇기 때문에 손에 거머쥐기도 어렵고 설사 운 좋게 거머쥔다고 하더라도 잃어버리기 쉽다.

하지만 인생이 잘 풀리는 듯하다가 자칫 삐끗해서 모든 것을 잃었을 때 행운의 여신이 나타나 우리에게 위안을 준다.

그러나 행운의 여신이 언제까지나 당신을 찾아올 것이라는 기대를 버려라. 행운의 여신의 마음은 그 누구도 예측할 수 없다.

그렇기 때문에 당신의 배가 순풍을 만났을 때는 거친 바람을 재촉하지 말고 바람에 돛 단 듯 잔잔히 흘러가도록 내버려 두어라.

진정한 고수는
한 발 뒤에서 지켜본다

최후의 승리를 위해 남들보다 한 발 뒤에서 지켜보아라.

이것은 일을 뜻대로 진행시키기 위한 책략이다.

이러한 책략은 잘 이용하면 쉽게 다른 사람을 제압할 수 있다.

남들보다 뒤에 있는 이유는 인생에는 언제나 예상할 수 없는 위험이 도사리고 있기 때문이다. 그러므로 신중한 태도를 잃지 말고 표면상으로는 타인의 이익을 중시하되 사실상은 자신의 이익을 꾀해야 한다.

누군가가 당신을 향해 '틀렸어. 그게 아니야'라고 주

저 없이 말을 한다면 당신은 그 사람을 경계하여야 한다.

그리고 자기 자신만의 위장술을 사용해서 그보다 한발 뒤에서 지켜보아라.

진정한 고수는 '맞아'라고 말하면서도 자신의 의도를 완벽하게 감추기 때문에 상대방에게 아무런 위기감도 주지 않는다.

만약 다른 사람의 진짜 의도를 알고 싶다면 먼저 자신의 진짜 의도부터 철저하게 숨기고 그의 뒤에서 시작해야 한다.

이렇듯, 어떠한 책략이든지 세밀하고 정교한 기교가 필요하다.

운이 안 좋은 날에는
잠깐 쉬었다 가기

누구나 유독 재수 없는 날이 있다. 그런 날은 무슨 일을 해도 뜻대로 되지 않는다.

당신이 언제 어디에서 무슨 일을 하든 항상 악운은 존재한다. 그렇기 때문에 좀처럼 술술 풀리지 않고 일이 꼬이는 날에는 지지부진하게 매달리지 말고 그것이 당신을 더 괴롭히기 전에 재빨리 손에서 놓아야 한다.

다른 사람의 의중을 헤아릴 때도 운이 안 좋은 날에는 행운의 힘이 필요하다. 왜냐하면 신이 아니고서야 모든 사람을 완벽하게 꿰뚫어 볼 줄 아는 사람은 세상에 존재하지 않기 때문이다.

환한 낮과 어두운 밤이 반복되고, 계절도 항상 따스하고 아름답기만 한 것은 아닌 것처럼 사람도 일이 꼬일 때 현명하게 잘 대처하는 때가 있는가 하면 반대로 현명함을 잃고 지나치게 신중하거나 경솔하여 일을 그르치는 때도 있다.

당신도 마찬가지로 어느 날은 모든 일이 뜻대로 되지 않지만, 또 어느 날은 무슨 일이든지 원하는 대로 다 이루어진다.

모든 일이 술술 풀리는 이유는 맑은 정신으로 일의 성격을 분명히 파악하여 가장 간단하면서도 확실한 방법을 쓰기 때문이다. 만약 바로 오늘이 정신이 맑은 날이라면 단 일 분 일 초도 낭비해서는 안 된다.

일이 잘된다고 해서 자만하지 말고, 안 된다고 해서 자포자기하지 마라. 힘겨울 때는 한 박자 쉬어가도 늦지 않다.

선과 후를
분명하게 구분하라

사실 어리석은 사람과 지혜로운 사람이 하는 일은 별반 다른 점이 없다.

굳이 다른 점이라면 단지 일을 완성하기까지 걸리는 시간이다.

지혜로운 사람은 적절한 시기를 선택해서 재빨리 일에 임하지만 어리석은 사람은 이런 선택을 할 줄 모른다.

만약 일이 술술 풀리지 않고 시작할 때부터 꼬인다면 그 일은 잠시 미뤄두고 먼저 다른 일부터 하는 편이 좋다.

어려운 일을 잠시 보류해두었다가 다른 시간에 다시

해보는 것은 일을 쉽게 풀기 위한 좋은 방법이다.

어떤 방법이 더 좋은지 확실히 결정하지 못하겠다면 현실적으로 판단하여 더 나은 하나만을 과감하게 취하라.

그리고 어떤 방법을 사용하든 빨리 할 수 있을 때 신속히 일을 완성하라. 그렇지 않으면 즐거운 일도 억지로 하는 꼴이 되어버린다.

지혜로운 사람은 앞과 뒤, 처음과 나중을 분명하게 구분한다.

무엇을 먼저 해야 하고 무엇을 나중에 해야 하는지 일목요연하게 파악한 후에 즐거운 마음으로 일에 임한다.

버림받기 전에
먼저 버려라

당신이 먼저 버려라.

갈 곳이 없더라도 마치 개선장군처럼 당당하게 돌아오고, 떠날 때도 사람들이 떠나기를 바라면서 기다리기 전에 당신이 그보다 먼저 앞서서 떠나야 한다.

사람들은 당신에 대한 평판이 극히 나쁠 때는 당신을 산 채로 묻으려 하거나 당신이 평생 땅을 치고 후회하도록 당신의 모든 것을 빼앗아 갈 수도 있다.

그러므로 그들과의 관계가 틀어지거나 괜한 미움을 사기 전에 어느 정도의 거리를 두는 것도 나름 괜찮은 방법이다.

지혜로운 사람은 경주마가 은퇴해야 하는 시기를
잘 안다. 그래서 관중 앞에서 웃음거리가 되기 전에
먼저 경기장을 떠난다.

이와 마찬가지로 아름다운 미녀도 적절한 시기에
자신의 거울을 깨버려야 한다.
젊음은 영원하지 않다.
괜히 세월의 무색함을 감당하지 못할 때까지 거울
을 쥐고 있다가는 후회밖에 남지 않는다.

찌꺼기는
버려라

벌은 꿀을 만들기 위해 꽃가루를 찾아다니고 독사
는 독을 만들기 위해 먹잇감을 찾으러 다닌다. 각자
목적도 다르고 찾는 것도 다르다.

사람도 어떤 사람은 진짜 알맹이만 찾고 어떤 사람
은 쓸데없는 찌꺼기만 찾는다.

목표가 높고 정확한 사람은 그만큼 좋은 것을 취하
므로 인생도 덩달아 즐거워진다.

세상 만물은 각자 나름대로 아름다움을 가지고 있지
만 어떤 사람은 트집 잡기를 좋아해서 수십 수만 가
지의 좋은 점을 두고도 굳이 결점을 찾아 부풀린다.

이런 사람들은 힘을 가진 사람과 지혜로운 사람들

이 버린 쓰레기를 열심히 수집하여 그들의 흠과 결점을 찾아내서 결국 자기 자신의 손실만 가중시킨다.

그들은 절대 다른 사람의 장점을 볼 줄 모른다. 아니, 보려고 하지를 않는다. 그렇기 때문에 그들은 항상 불행할 수밖에 없다.

이렇게 괴로움과 부족함 사이만 왔다 갔다 하는 삶은 결코 만족을 모른다.
반면, 긍정적이고 능동적인 사람은 수많은 결점 중에 아름다움을 찾아낼 줄 안다. 그리고 부단히 노력하여 단점을 장점으로 발전시킨다.

공격에 대처하는
방어의 노하우

경쟁자를 만났을 때 나누는 몇 마디의 인사가 은밀한 이유는 안부를 묻는 말속에 상대방을 견제하고 자신을 방어하는 다른 뜻이 숨어있기 때문이다.

이런 은밀함을 요령껏 이용하면 좋은 결과를 얻을 수 있다는 점에 귀를 기울여라.

일의 진행이 자신의 의도와 맞지 않는다고 해서 앞뒤 가리지 않고 자신의 질투와 욕망을 드러내면 자칫하다 자신의 지위와 명예까지 한순간에 잃어버릴 수 있다.

경솔한 방어는 자신의 모든 것을 철저히 망가뜨릴

수 있기 때문에 어느 정도 인지도를 얻은 사람은 타인의 비난과 악의를 두려워한다.

그러나 지혜로운 사람은 방어의 위험을 오히려 역이용하여 명성과 이익을 얻는다.

부메랑은 던지면 반드시 되돌아온다. 그러므로 던져놓고 마냥 느긋하게 있어서는 안 된다.

부메랑이 없을 때 미리 배워두었다가 그것을 손에 넣었을 때는 능숙하게 다룰 수 있어야 한다.

공격하는 사람은 밝힐 수 없는 숨은 의도가 있겠지만 방어하는 사람은 순수하다.

이런 상황에서 두 사람이 부딪칠 때 무조건 의도를 가진 자가 이길 것이라고 단언하지 마라. 순수한 방어가 전세를 역전시킬 가능성도 있기 때문이다.

완벽함을 드러내는 순간
그 가치는 반으로 줄어든다

쉽게 가질 수 없는 물건은 한없이 아끼고 또 아까워하면서, 언제든지 쉽게 가질 수 있는 물건은 남용하고 낭비하는 것이 사람의 마음이다.

이처럼 '무능'은 사람의 마음을 졸이게 하고 '만능'은 사람을 헤프게 한다.

전쟁에서 항상 승리만 하는 장군이 어느 날 예상치 못한 패배를 한다면 사람들은 그 즉시 그를 비난할 것이고 장군 역시 다시는 대중 앞에 나설 용기를 내지 못한 채 평생 패배감을 안고 살아갈 것이다.

만능상표로 통하는 아름다운 사물도 마찬가지다. 초기에는 세상에 둘도 없는 완벽함 때문에 큰 명성을

누리겠지만 어느 순간 매력을 잃으면 언제 그랬느
냐는 듯이 아예 처음부터 아무 가치도 없었던 것으
로 취급된다.

재능을 평가할 때 '중용(中庸)'을 기준으로 삼는 것
은 문제를 극단적으로 정의하지 않기 위함이다.
만물은 '완벽한 경지'에 이르기 위해 힘써 노력하나
그 경지에 이르는 것만이 전부는 아니다.

완벽함을 드러내는 일은 오히려 많은 부분을 버리
고 극히 일부분을 취함에 불과하다.
햇불은 밝히면 밝힐수록 소모되는 에너지가 많다.
그리고 그 에너지가 유지되는 시간도 점점 짧아진다.
당신이 드문 인재라고 평가될 때 당신의 가치가 높
아진다는 사실을 명심하라.

밝은 겉모습 뒤에 숨겨진
어두운 그림자를 조심하라

교활한 사람의 무기는 잔꾀이다.

그는 몸과 마음이 항상 따로 놀기 때문에 본심 또한 늘 다른 곳에 있다.

이런 사람들은 남에게 자신을 맞추거나 항상 깊이 생각하고 행동하는 척하지만, 사실은 이기적이고 충동적인 본심을 가지고 있다.

겉으로 보기에는 한 가지에만 몰두하듯이 보여도 사실은 당신의 생각처럼 그렇게 근면 성실하지 않다.

사람들이 다른 사람의 관심을 얻고 믿음을 구하는 목적은 적당한 기회를 틈타 경쟁에서 승리하기 위함이다.

능력 있는 사람은 이런 경쟁자의 심리를 사전에 파악하고 있다. 그래서 아주 사소한 것까지 정확하게 알아내고 어려움을 미연에 방지한다. 그리고 신중하게 대처하여 겉으로 보이지 않는 숨어있는 의도까지도 충분히 밝혀내서 상대방의 허튼수작에 넘어가지 않는다.

삶은 선과 악의 싸움의 연속이다. 책략을 즐기는 사람일수록 자신의 진짜 의도를 아주 깊은 곳에 숨기고 사람들을 시험하기를 좋아한다.

또한 지혜로운 사람은 사람들이 쉽게 넘보지 못하는 위치에서 제2의, 제3의 의도까지 치밀하게 계획한다.

그러나 교활하고 악한 사람들도 나름대로의 노하우를 바탕으로 뜻밖의 이면을 감추고 고의적으로 정직하고 무던한 자태를 드러내면서 아무렇지 않게 살고 있다.

물론 지혜로운 사람은 눈부시게 밝은 겉모습 뒤에 숨겨진 어두운 그림자를 한눈에 알아본다. 그리고 그 단순한 겉모습 뒤에 숨겨진 못된 생각도 꿰뚫어 본다.

싸움은 선과 악의 심리전이다.

한없이 솔직하고 성실해 보이는 사람도 남들이 꿰뚫어 보기 어려운 깊은 곳에는 지독하게 간사한 마음을 품고 있을 수 있다는 사실을 항상 염두에 두어야 한다.

반드시 주목받으려고
애쓰지 마라

반드시 주목받아야겠다는 생각을 버려라.

너무 남의 시선을 의식하다 보면 자기도 모르게 분수에 넘치는 행동을 할 수 있다.

이런 모습은 사람들이 당신의 참모습을 보지 못하고 오해하게 만든다.

그래서 그들은 당신의 장점도 단점으로 평가하고 당신의 모든 말과 행동을 곱지 않게 받아들일 것이다.

어쩌면 지나치게 아름다운 미모도 당신에게 해를 입힐 수 있다. 왜냐하면 뛰어난 외모는 주위 사람의 질투를 유발하기 때문이다.

그들의 유치한 질투로 인해 당신에 대한 평가가 왜곡될 수 있는데 경우에 따라서는 그 정도가 예상보다 훨씬 더 심각할 수 있다.

그렇다고 해서 이 모든 시선을 의식하고 그에 맞춰서 살아갈 수는 없다. 각자 다른 인생이 있듯이 그 인생을 살아가는 방식 또한 다를 수밖에 없기 때문이다.

자신의 삶의 방식을 존중하되 지나치게 남의 시선을 끌지 마라.

꿈은 원대하게
계획은 치밀하게

일을 잘 해내는 사람이 일하는 속도도 남들보다 빠르다.

그래서 일하는 속도가 느리면 느릴수록 실패할 가능성이 커진다.

그러므로 갈 길이 까마득한 일일수록 그만큼 많은 노력을 해야 한다.

사람들이 주목하는 성공이 당신의 신념과 노력에 의한 것일 때 비로소 그것은 최고의 가치로 인정받을 수 있다.

요컨대, 당신이 당신의 원대한 꿈을 위해 치밀한 계획을 세우고 그 과정에서 당신의 모든 것을 쏟아냈

다면 그 결과로 얻은 성과물은 영원한 가치를 지닐 수 있다.

원대한 꿈과 치밀한 계획이 행운을 부르는 법! 위대한 가치란 자신의 신념과 모든 열정을 바치는 데 있다.

훌륭한 사람은 노력한 만큼 크고 빛나는 보상을 얻는다.

장기계획을 세워야
실패하지 않는다

항상 준비하는 자세로 장기적인 계획을 세우는 사람이 성공한다.

아무 준비 없이 닥치는 대로 일을 하는 사람은 결국 총칼 없이 전쟁터에 나가는 병사와 다름없다.

이성은 어려움이 닥칠 때까지 기다렸다가 닥치고 나서 부랴부랴 사용하지 말고, 어려움을 예측하고 대처하기 위해 사용해야 한다.

걱정거리가 있을 때는 무작정 베개에 머리를 묻고 잠을 청하기보다는, 먼저 걱정거리를 해결하고 다시 잠을 청하는 편이 좋다.

간혹 어떤 사람은 항상 무작정 일을 벌인 후에 생

각을 하는데 이는 단지 자신의 실패에 대한 변명을 찾기 위한 발버둥일 뿐이다.

그리고 이런 자세는 당신의 발전에 아무런 도움을 주지 못한다.

일을 시작하기 전에 충분히 생각하고 계획하지 않는 사람은 절대로 성공할 수 없다.

삶은 고민과 선택의 반복이다. 일을 시작하기 전에 미리 예견하고 심사숙고하여 계획하라.

현실적이고 장기적인 계획을 바탕으로 성공에 이르는 모든 과정을 준비한다면 실패란 결코 있을 수 없다.

돌다리도
두들겨 보고 건너기

의욕만 앞서고 계략이 없는 사람은 항상 덤벙대고 일을 닥치는 대로만 처리한다.

그들의 머리는 단순하기 때문에 잠재된 위험을 예견할 줄 모르고, 그로 인해 자신이 어떤 영향을 받을지 생각하지 않는다.

지혜로운 사람은 일을 처리할 때 신중하고 조심스럽다.

일을 할 때마다 예방책을 미리 마련해두고 신중하게 생각한 후에 확실하고 안전한 방법으로 일을 처리한다.

가끔 행운의 여신이 어리석은 사람에게 특별한 기

회를 안겨 줄 때도 있지만 어리석은 사람은 이런 기회조차도 전혀 눈치채지 못하고 그냥 지나쳐버리기 일쑤이다.

지혜로운 사람은 강을 건널 때도 무턱대고 건너지 않고, 먼저 조금만 들어가 보고 그 깊이를 먼저 체크한다. 그래야 확실하게 알 수 있기 때문이다.

특히 현대사회의 대인관계에는 함정이 많다. 그러므로 더욱 꼼꼼한 사전 조사를 통해 정확하게 체크한 뒤 행동해야 한다.

판단이 흐려지면
아무것도 하지 마라

당신의 실패에 대한 가능성은 곁에서 지켜보는 사람도 충분히 눈치를 챌 수 있다.

특히 그 사람이 당신의 라이벌일 경우에는 더욱 확실하게 알아차린다.

당신은 감정에 의해 판단력이 흔들렸을 때는 실패의 가능성을 눈치채지 못했다가 냉정해진 후에야 당신이 얼마나 어리석고 멍청했는지를 땅을 치며 후회한다.

정말 위험한 일은 실제로 얼마나 위험한 일인지도 잘 모르면서 무턱대고 그 일에 몸을 던지는 것이다.

자신의 행위가 옳은지 그른지 제대로 판단할 수 없

을 때는 아무것도 하지 말고 잠시 멈춰야 한다.

 그렇게 한다고 해도 옳고 그름을 확인할 수는 없지만, 최소한 잘못된 판단을 막을 수 있다.

이성은 상황을 현명하게 다스릴 수 있는 가장 훌륭한 기제이다.

어떤 일은 시작하기 전부터 비난을 받는다.

하지만 또 어떤 일은 사전에 꼼꼼히 알아보고 성공을 확신했다 하더라도 실제로 일을 진행시키는 과정에서 자기가 예상했던 것과 달라질 수 있다.

물론 의심과 비난을 받았음에도 사전에 가졌던 기대치보다 훨씬 큰 대가를 얻게 되는 경우도 있다.

사람의 일은 수시로 상황이 변하기 때문에 그때마다 적절히 대처할 수 있도록 신중하게 생각하고 행동할 줄 아는 성숙한 이성을 갖추어야 한다.

고집불통인 사람들의
가면

고집을 부리고 감정으로 일을 처리하면 좋은 결말을 얻을 수 없다.

무슨 일이든지 무조건 이기고 싶어 하는 사람은 근본적으로 평화적인 교류의 장점을 모르기 때문에 항상 다투고 싸우기만 한다.

그래서 온순한 사람들마저도 그들의 적이 되기도 하고, 그들이 남몰래 꾸민 못된 짓의 표적이 된다.

그들은 항상 나쁜 방법으로 다른 사람을 이긴다. 그들이 말하기로는 다 자기들이 훌륭하고 선량한 책략을 사용한 덕분이라고 한다.

하지만 누군가 그들의 가면을 벗겨내는 날에는 곧

바로 흉악한 본색을 드러내고, 본성을 밝혀낸 사람을 자신들의 적으로 간주한다.

고집불통인 사람들은 자기들끼리 적을 만들었다 없앴다 하기 때문에 그들에게는 적이라는 개념 자체가 실제로는 아무런 가치가 없다.

그리고 언제나 적을 만들었다 없애는 일만 반복하기 때문에 결국 자기만 골치 아플 뿐이다.
애석하게도 이런 사람들은 남들이 쉽게 느끼는 기쁨이라는 감정을 도통 모른다.
그리고 그들의 감정은 행복하고 아름다운 것을 보지 않으려는 어리석은 고집 때문에 금세 지치고 상처받는다.

행운에 얽매이면
실패한다

재능이 있는 사람은 모든 일을 우연한 기회에 의지하지 않고, 오로지 개인의 노력만으로 자신의 운명을 결정한다.

하지만 어떤 사람은 언젠가 행운이 오리라고 철석같이 믿고 살아간다.

지혜롭고 해박한 사람은 행운에 얽매이지 않고 분별력 있고 대담하게 행동한다.

그들은 항상 자신감을 갖고 용기 있게 전진하며, 뛰어난 담력과 식견으로 사소한 일까지도 빈틈없이 살핀다.

그리고 자신의 판단과 운명을 균형 있게 조합하여

일을 추진한다.

지혜로운 사람이 이렇게 철두철미한 전략으로 얻을 수 있는 가장 큰 성과는 자신이 계획한 바를 실현시키고 그만큼의 충분한 보상을 받게 되는 일이다.

이것저것 손대지 말고 제대로 된 하나만 처음부터 끝까지 계획대로 실천하라.
물론 실천의 과정에는 행운과 악운이 함께 존재한다.
당신이 훗날 얻게 되는 결과는 이 과정에서 행운과 악운, 그리고 지혜로움과 어리석음을 얼마나 균형 있게 다스리느냐에 달려있다.

급할수록
돌아가라

아무리 조급하고 분초를 다투는 일이라도 항상 심사숙고해야 한다는 뜻으로, '급할수록 돌아가라'는 말이 있다.

어리석은 사람이 성공하지 못하는 가장 큰 원인은 판단이 신중하지 못하기 때문이다.

그들은 자신의 판단에 대한 자신감도 없으며, 한 가지 판단을 내리지도 못하고 항상 애매모호한 태도로 일관한다. 그래서 딱히 이익도 손해도 아닌 모호한 결과만 얻는다. 즉, 피해를 최소화하는 만큼 반대로 큰 성과도 없다.

어떤 사람은 언제나 시작과 끝을 제대로 파악하지

못하고 잘못 판단하기 때문에 정작 중요한 일에 대해서는 아무런 문제의식을 느끼지 못한다. 그래서 아무런 대책이 없고, 오히려 사소한 일에 전전긍긍하며 헤어날 줄을 모른다.

근본적으로 어리석은 사람은 '정신없다'는 말의 뜻을 모른다. 왜냐하면 정신없는 상태는 사고가 틔어 많이 고민하고 바쁘게 살아가는 사람들에게서나 발생하기 때문이다.

무슨 일이든지 꼼꼼하게 따져보고 그 결과를 마음속에 깊이 새겨야 한다.
지혜로운 사람은 일을 맡을 때 항상 사전에 충분히 알아보고 계획한다. 이것은 지혜로운 사람의 필수 자격요건이다. 특히 불확실하고 의심할 여지가 있는 일들에 대해서는 더욱 신중하고 자세하게 따져봄으로써 현실에 입각한 현명한 결론을 끌어내야 한다.

성숙한 아름다움을 위한
칭찬

모든 만물은 밤하늘의 달과 같다.

달이 차면 다시 기울 듯이 세상의 만물도 시간의 흐름에 따라 충만해졌다가 완벽한 경지에 이르면 차츰 쇠하기 마련이다.

만약 사람의 힘으로 할 수 있는 일이 만 가지에 이른다면, 그중 완벽함에 이를 수 있는 일은 단 하나에 불과하다.

그 한 가지는 바로 자기 스스로 선택하는 아름다움이다.

가장 완벽한 경지에 이르는 아름다움은 오로지 성

품이 곧고 인성이 고운 사람만이 그 가치를 제대로
이해할 수 있다.

대부분의 사람들은 '칭찬'의 참뜻을 모른다. 설사 안
다고 할지라도 조금 아는 정도이지 정확하게 이해
하는 것은 아니다.

'칭찬'은 성숙한 아름다움의 완벽한 경지를 제대로
이해하고, 그 귀중함을 온전히 아는 사람을 위한 것
이다.

싸움의
미덕

지혜로운 사람은 절대 명분이 없는 지저분한 싸움에 휘말리지 않는다. 스스로 신념을 가지고 있는 사람은 타인의 의도에 의해서 쉽게 좌지우지되지 않기 때문이다.

싸움은 자신의 위신을 승리로써 증명하기 위한 수단이다.

그러나 비열한 방법으로 이기는 일은 승리가 아니라 단지 적을 항복시키는 것뿐이다. 그리고 그들이 싸움에서 이길 수 있던 이유는 단지 비열한 무기를 사용했기 때문이다.

선량한 사람은 비열한 무기를 쥘 수 없으므로 비열

한 방법에 당해내지 못한다.

당신이 친구를 배신하고 얻은 무기로 다른 사람과 관계를 맺고, 그 사람은 당신의 믿음을 이용해 이익을 취하려고 한다면 당신들의 우정은 지독한 결말을 맞이하게 될 것이다.

군자(君子)는 본디 어떠한 상황에서도 의로운 신념을 저버리지 않고 마음에 물어 한 점 부끄러움이 없는 일을 한다.

고귀하고 순결한 정신을 가지고 있는 사람에게 무례한 일은 가치가 없기 때문이다.

비록 세상에 의로운 신념과 믿음을 지키는 미덕이 자취를 감췄다 해도 이는 아직 군자의 마음속에 존재한다.

모험,
신중하게 결정하라

신중하면 많은 위험을 피할 수 있다.

용감하고 영리한 사람이 최악의 상황에 처하게 되는 경우는 아주 드물다.

현명한 사람은, 목표를 향한 길 위에서 한결같이 길의 중간에서 걷는다.

그렇기 때문에 현명한 사람들은 준비가 안 된 상황에서 갑작스러운 일을 당하지 않도록 언제나 신중하게 행동한다.

위험은 언제나 예고 없이 찾아와 사람들을 당황하게 만들기 때문에 항상 이 점을 염두에 두어야 한다.

이성적인 사람은, 위험이란 정복하는 것이 아니라

시기와 형세를 잘 판단하여 피해 가야 하는 것이라
고 말한다.

그래서 이성적인 사람들은 진지한 고민과 철저한
계획 없이 의욕만 앞서서는 큰일을 이룰 수 없다고
한다.

일을 시작하기 전에 자기가 해야 할 일을 정확하게
숙지하고 있어야 좋은 결과에 대한 확신과 성공에
대한 자신감을 가질 수 있다.

신중하게 탐색하는 사람은 항상 자신의 자리도 정
확하게 찾을 줄 안다. 그러므로 당신의 조건과 주위
환경에 대해 정확하게 이해할 수 있도록 노력해야
한다.

항상 신중한 태도로 낡고 험한 길을 피해 안전한
길을 선택하라.

소문의 진상은
항상 멀리 있다

사람은 인생의 대부분을 지식을 습득하고 견문을 넓히는 데 투자한다.

그렇지만 직접 눈으로 보고 몸으로 습득하는 지식은 아주 적고, 주위 사람들이나 매체를 통해 전해 듣는 것들이 대부분이다.

그러나 단순히 듣는 것만으로는 옳은 판단을 하기 어렵다.

그렇기 때문에 여기저기에서 들려오는 소문을 맹목적으로 믿어서는 안 된다.

귀로 듣는 말들은 우리의 판단력을 흐리게 하고 이성을 기만한다.

소문의 진상은 항상 멀리 있다.

소문은 여러 사람을 거치는 과정에서 사람들의 주관과 감정이 뒤섞이기 때문에 그 진상이 왜곡되기가 쉽다.

그래서 사람들은 그것의 본질이 아닌, 소문이나 인상에 따라 태도를 바꾼다.

당신을 비판하는 사람보다 당신을 무조건 잘했다고 치켜세워주는 사람을 주목하라.

당신을 칭찬하는 말의 진심은 무엇인지, 그가 자신을 속이는 바가 없는지 꼼꼼히 관찰해야 한다. 특히 겉과 속이 다른 위선적인 사람을 조심하라. 차근차근 그의 생각을 물어서 진심이 무엇인지 파악해야 한다.

탁한 물은
건드릴수록 더욱 혼탁해진다

인간의 삶은 자유분방하고 그만큼 변화도 심하다. 예를 들어 세찬 비바람이 몰아칠 때는 조용한 항구에 몸을 피해 파도가 자연적으로 잦아질 때까지 기다리는 편이 좋다.

자연현상은 항상 다르게 변화하지만, 그 근본은 변하지 않는다.

인간의 삶이든, 자연의 현상이든 기복이 심하고 예측을 할 수 없는 것에 대해서는 그 근본을 방해하지 않는 범위 내에서 자연스럽게 대처하는 것이 좋다.

가끔은 아무 간섭도 하지 않는 것이 모든 것을 간

섭하는 것이다.

잠시 머리를 숙이는 것은 장차 그것을 정복할 수 있다는 가능성을 함축하고 있다.

깨끗한 시냇물은 너무 쉽게 더러워진다. 하지만 탁한 물은 건드릴수록 더욱 혼탁해지는 법!

오히려 건드리지 않고 자연스럽게 되어가는 대로 맡겨놓는 것이 가장 좋은 방법이다.

어지러운 세상을 바로잡으려고 좌지우지하는 것은 그것이 스스로 평정을 되찾길 기다려주는 것만 못하다.

인사치레로 하는 말에
흔들리지 마라

인사치레 말에 흔들리지 마라.

인사치레는 일종의 뻔뻔한 속임수이자 당신을 슬그머니 잠들게 하는 일종의 마취약이다.

마취약이 듣지 않는 자신만의 대처 방법을 찾아야 한다.

당신의 허영심을 부추기고 당신을 혼미하게 만드는 달콤한 말은 미련 없이 버려야 한다.

인사치레가 만들어놓은 함정에 걸려들어 그들이 유인하는 대로 무조건 따라가는 사람은 항상 어느 곳에 가서라도 같은 실수를 반복해서 하기 마련이다.

진심으로부터 우러나오는 사양은 온순하고 정직하다. 그러나 예의 바른 척, 순종하는 척하는 위선은 꼭 막판에 뒤통수를 친다.

그러니 지나친 정성을 표하는 것은 당신을 존경한다는 뜻이 아니라, 당신의 힘을 등에 업고 더 좋은 기회를 잡아보겠다는 간사한 의도임을 간과해서는 안 된다.
결국 아첨하는 사람은 겉으로는 타인의 인품을 존경하는 척하지만, 사실은 그의 재물을 흠모하고 있을 뿐이다.

타인의 후광보다는
자신의 빛을 지켜라

타인의 후광으로 인하여 당신 본연의 빛을 잃지 말
도록 하라.

완벽함을 향해 열심히 걸어가는 사람은 항상 사람
들의 존경을 받는다.

하지만 당신을 앞서가는 누군가가 있고 당신은 고
작 그 사람 뒤를 쫓아가는 것뿐이라면, 당신이 받
는 칭찬은 앞사람이 먹다 남긴 음식쓰레기에 불과
하다.

하늘에 있는 밝은 보름달은 수많은 별들의 빛을 잡
아 삼킬 만큼 밝지만, 정작 태양 앞에서는 빛을 잃
는다. 심지어 존재하지 않는 날도 있다.

이와 마찬가지로 당신 본연의 색을 퇴색시키는 사람과 절대 가까이 지내지 마라.

당신의 빛을 마음껏 발산할 수 있도록 격려해주는 사람을 당신의 파트너로 삼는 것이 좋다.

괜히 걱정거리를 만든다거나 자신을 낮게 평가하거나 하지 마라. 그리고 경솔하게 다른 사람을 찬양하지도 마라.

자기 자신의 빛에 자부심을 가져야 한다.

젊었을 때는 당신의 빛을 더욱 밝혀줄 수 있는 사람과 사귀고, 어느 정도 자신의 모습을 갖추었을 때는 당신과 함께 나란히 걸을 수 있는 평범한 파트너를 만나는 것이 좋다.

타인의 충고에
제대로 대처하는 방법

어리석은 사람의 귀에 현명한 사람의 충고가 들리지 않는 이유는 충고의 좋은 점을 모르기 때문이고, 지혜로운 사람이 그러한 이유는 자신의 진짜 속마음을 감추기 위해 일부러 안 듣는 척하는 것뿐이다.

다시 말해, 지혜로운 사람은 다른 사람에게 자신의 속마음을 들키게 되어 상황이 불리해지는 것을 방지하기 위해서 타인의 충고를 무시하는 척하는 것이다.

이해득실을 따질 때는 다른 사람의 말에 완전히 의

지하거나 자기 의견만 고집해서는 좋은 결과를 가져올 수 없다.

어느 한쪽으로든 치우침 없이 공정한 기준으로 접근하도록 하라.
그리고 나중에 무슨 일이 발생하지는 않을까 하는 어리석은 걱정은 접어라.
무슨 일이 발생하기 전에 어떻게 예방하는 것이 좋겠는지 능동적인 대안을 찾아보는 편이 훨씬 더 유익하다.

유행의 흐름과
발을 맞춰라

유행은 대중의 환심을 끌어들이는 일이다.

많은 사람들의 관심이 한 가지에 집중이 된다는 것은 사회 전반의 윤리와 도덕의 잣대에 별 상관없이 그 자체만으로 사람들을 끌어들이는 힘이 있다는 뜻이다.

만약 당신의 행동이 시대와 맞지 않으면 사람들은 그 행동에 반감을 가질 것이고, 그것이 대중의 흐름과 엇나가는 것이라면 사람들은 대놓고 황당한 웃음을 터뜨리고 말 것이다.

게다가 대중이 좋아하는 유행을 당신 혼자 비웃을 때는 당신은 필경 대중의 비웃음거리 대상이 될 것이다.

결국 당신의 개인적이고 독단적인 성향 때문에 당신은 사람들과의 거리를 만들게 된다.

만약 유행을 어떻게 따라가야 할지 모르겠다면 우선 당신이 둔하다는 사실을 숨기고 당신의 촌스러움도 겉으로 드러내지 말아야 한다.

궁극적으로 유행의 흐름을 경솔하게 평가해서는 안 되는 이유는, 대중이 신뢰하는 허상이 대중의 희망으로 인해 언젠가는 현실이 될 수 있기 때문이다. 그것이 바로 대중의 힘이다.

구구절절한 변명으로
구박덩어리가 되지 마라

같은 말을 계속 반복하거나 고집스럽게 주장하지 마라.

간단명료함은 감정을 유쾌하게 만들고, 쉽게 사람들의 호감을 얻을 수 있게 하며, 결과적으로 일의 성공률을 높인다.

간단명료함이 놓치는 부분이 있는 것도 사실이지만, 그에 대한 기본적인 보상이 있기 때문에 그다지 걱정할 필요는 없다.

간단명료함은 그렇지 않을 때보다 나쁜 점을 축소시킨다.

나쁜 점을 축소시키다 못해 점점 사라져, 마침내는

복잡한 문제에 부딪혀도 묵묵히 이겨낼 수 있게 만든다.

지혜롭지 못하면서 신분만 높은 사람은, 생각 없이 하고 싶은 말을 내뱉고 나서 높은 신분을 이용해 사람들의 입소문을 막기에 급급하다.

더 이상 잃을 것도 없으면서 갖은 근심거리를 안고 사는 사람은 사람들에게 거부당할까 봐 매사에 전 전긍긍한다.

하지만 지혜로운 사람은 사람들의 반응에 쉽게 흔들리지 않고 일관성 있게 적절하게 대처한다. 또한 구구절절한 변명과 핑계로 남을 화나게 하거나 바쁜 사람을 귀찮게 하지도 않는다.

유명한 격언들을 봐도 간단명료하지, 구구절절 길지 않다.

혼자 취하거나
혼자 깨어있지 마라

다른 사람들과 함께 취할지언정 혼자 깨어있지 마라. 모든 사람이 취했다면 당신도 그들과 마찬가지로 취해야 한다. 만약에 혼자서만 멀쩡하게 깨어있다면 다음날 사람들에게 차갑고 어려운 사람이라는 핀잔을 듣게 될 것이다.

흘러가는 대로 남의 장단을 맞추는 것도 현명하게 자신을 보호하는 방법이다.

또한 같이 이해하지 못한 척하는 것도 훌륭한 대처 방법이다.

설사 당신은 잘 알고 있는 일이라도 당신을 제외한 다수의 사람이 이해하지 못하고 있다면 당신도 이해하지 못한 척해야 한다.

이것은 사회적동물인 인간이 자신의 삶 속에서 원만한 대인관계를 유지하기 위한 일종의 생존방식이다.

제아무리 잘난 사람도 혼자서는 살아갈 수 없다. 그러므로 다수의 사람이 어리석고 우둔하다 할지라도 조용히 따를 줄도 아는 융통성이 필요하다.

혼자 취하지도 말고 혼자 깨어있지도 마라. 간혹 어떤 사람은 혼자서도 얼마든지 살 수 있다고 하는데 그것은 어디까지나 우물 안 개구리의 유치한 발상일 뿐이다.

노력으로 얻은 대가에서
교훈을 얻어라

착해지려고 애쓰지 마라.

그것은 다른 사람에게 나쁜 마음을 먹게 하는 기회를 주는 것이나 다름없다.

순진한 비둘기는 독사의 교활함을 분명히 알아야 한다.

착한 사람은 어리석은 짓을 쉽게 저지른다.

그래서 거짓말을 한 번도 해본 적이 없는 사람은 다른 사람의 말을 너무 쉽게 믿어버린다.

물론 경우에 따라서는 어리석은 사람과 함께 있을 때는 같이 어리석은 짓을 하는 것이 괜찮은 방법이라고 할 수도 있다.

그렇지만 그것은 어디까지나 모든 것을 영리하게 꿰뚫고 있다는 전제하에서만 그럴 수 있다.

사람들이 위험을 예견하는 방법은 보통 다음의 두 가지이다. 하나는 자기가 노력하여 얻은 대가에서 교훈을 얻는 것이고, 다른 하나는 다른 사람의 실패에서 교훈을 얻는 것이다.

당신도 현명한 대처를 위해 이 중 한 가지 방법을 선택하라.

자만심을
표정에 드러내지 마라

소심한 사람이 갖고 있는 자신에 대한 불만은 나약함의 표출이고, 어리석은 사람이 드러내는 지나친 자기만족은 무지함의 표출이다.

지나친 자기만족, 자만심이 느끼게 해 주는 행복은 어디까지나 일장춘몽일 뿐, 이내 당신의 명성에 먹칠하고 만다.

그럼에도 불구하고 사람들이 자만심에서 헤어나지 못하는 이유는 자만심이 당신의 눈을 가리고, 자아도취에 빠뜨려 다른 사람의 완벽한 아름다움을 보지 못하게 하기 때문이다.

자만심에 대한 경계심을 가져라.

이러한 경계심은 일을 순조롭게 하고 설사 역경에
부딪힌다고 하더라도 스스로 마음을 다스려 위안을
얻게 해준다.
그렇다고 너무 소극적으로 행동해서는 안 된다.

자만심은 어리석음을 만회하고 싶은 바보가 뿌리는
독이 든 씨앗이다.

자만심을 버리되, 결코 좌절을 두려워해서는 안 된
다.
좌절에 대한 경계심이야말로 좌절을 두려워하지 않
고 현명하게 극복할 수 있는 참된 지혜를 얻게 해
준다.

Chapter_2

대인관계의 노하우

*
*
*

삶에서 진정으로 소중한 자산은
항상 나를 생각해주고
기꺼이 내게 도움을 줄 수 있는 사람이
곁에 있다는 것이다.
운명의 신조차도
당신이 소유하고 있는 이 소중한 자산을
질투할 것이다.

좋은 친구
사귀기

친구는 착하고 영리한 당신의 반쪽이다.

당신이 친구와 함께 있을 때 만족감을 느끼는 이유는 그와 더불어 당신의 가치 또한 빛을 더하기 때문이다.

친구가 당신에게 하는 말속에는 거짓이 있을 수가 없다.

언제나 진심으로 당신을 생각하기 때문에 그의 격려는 세상의 그 어떠한 응원보다 값지고 커다란 힘을 준다.

그러나 인생을 살아가면서 실제로 자신의 반쪽이 되어주는 친구를 만나기란 말처럼 그렇게 쉬운 일이 아니다.

그렇기 때문에 세상에는 이런 참된 친구가 없는 사람도 많다.

진정한 친구를 만나고 싶다면 당신이 먼저 손을 내밀어라.

당신이 진심으로 다가가야 비로소 그 사람도 당신을 소중한 친구로 받아들일 수 있다는 사실을 꼭 기억하라.

첫인상에
현혹되지 마라

지나치게 첫인상에 연연하여 그의 또다른 면을 간
과하지 마라.

첫인상은 대부분 진실을 가리고 있기 때문에 사람
의 됨됨이도 그것에 가려 진실한 모습을 알아보기
힘들다.

눈앞에 보이는 겉모양에 현혹되어 맹목적으로 모든
것을 쏟아붓는 일은 결국 당신의 얄팍함만 겉으로
드러내는 셈이다.

어떤 사람은 술잔에 어떤 술이 담겨 있는지보다 얼
마짜리이며, 어디에서 만들어진 술잔인지에만 관심
을 쏟는다.

이런 경솔함은 드러나는 즉시 당신을 나쁜 사람들의 표적으로 만들어버린다.

나쁜 사람들은 당신이 화려한 겉모습에 쉽게 흔들린다는 점을 악용해서 당신을 괴롭히고 이용하려 들 것이다.

무슨 일이든 항상 신중하게 생각한 후에 결정하고 실행해야 한다.
그리고 첫인상뿐만 아니라 두 번째, 세 번째 인상도 주의해야 한다.
어리석은 사람은 첫인상에 쉽게 흔들리고 무슨 일이든 감정적으로 처리하기를 좋아한다.

사람에 따라
태도를 달리하라

인생을 살아가면서 모든 사람을 동일하게 대할 수
는 없다.

세상 사람들은 각자 다른 개성을 가지고 있기 때문
에 그들을 대하는 당신의 태도 역시 달라질 수밖에
없다.

일을 할 때도 마찬가지이다.

일의 분야, 성격, 가치에 따라 그에 적당한 조치를
취할 줄 알아야 한다.

그러면 당신의 소중한 지식과 재능을 효율적으로
사용할 수 있고, 쓸데없이 시간과 노력을 낭비하지
않아도 된다.

자신이 원하는 요소들만 필요에 따라 적절히 뽑아
쓰는 능력은 누구나 쉽게 가질 수 없는 훌륭한 기
술이다.

설사 당신에게 이런 재능이 있다고 해도 절대 남들
에게 뽐내지 마라.
자만심은 당신을 천박하게 만들어 사람들의 손가락
질을 받게 할 뿐만 아니라 사람들에게 당신을 밟고
올라설 수 있는 기회를 제공한다.

대인관계에서의 변화에
민첩하게 대응하라

변화에 민첩하게 행동하고 신분에 걸맞게 말하는 사람이 되어라.

예를 들어 학식이 풍부한 사람과 교류할 때는 그에 걸맞게 당신의 학식을 드러내고, 웃어른과 교류할 때는 예의를 갖추어 도리에 어긋나지 않도록 행동해야 한다.

사람은 자신과 비슷한 사람에게 더 많은 호감을 느낀다. 그러므로 대상에 따라 적절하게 자신을 부각시키면 당신이 원하는 사람과 더 쉽게 가까워질 수 있다.

살아가면서 새로운 사람을 사귈 때는 당신과 오랫

동안 원만한 관계를 유지할 수 있는 상대를 선택해야 한다.

그래서 사람들은 새로운 친구를 많이 사귀는 것보다 좋은 친구와 오랫동안 좋은 관계를 유지하는 것이 더더욱 중요하다고 말한다.

사람을 만나기에 앞서 우선 적절한 무기를 선택하고, 구체적으로 어떻게 만남을 진행해야 할지 결정하라.

돛단배가 바람에 따라 흘러가듯 상황에 맞춰서 자연스럽게 행동해야 한다.

친구라는
결정적 무기

어떤 친구는 가까운 곳에 있어서 언제든지 편하게 만날 수 있지만, 어떤 친구는 먼 곳에 있어서 만나기 어렵다.

보통 사람들은 먼 곳에 있는 사람에게 편지를 쓰곤 한다. 물론 만나서 대화를 나누는 것과 마음을 담아 편지를 보내는 것 모두 각각의 장점을 가지고 있긴 하지만 거리상 멀리 있으면 가까이 있을 때보다 친구 사이가 소홀해지기 쉽다.

우정은 단순히 웃고 떠들기 위한 것이 아니라 서로의 부족함을 채워주기 위한 실용적인 매개체이자 삶의 핵심이다.

세상 사람들에게 소위 '아름답다'라고 일컬어지는 것들은 대게 '진실함', '선량함', 그리고 '한결같음' 등의 특징을 가지고 있는데, 바로 우정이 그러하다. 하지만 애석하게도 이렇게 완벽한 아름다운 친구를 만나기는 정말 어렵다. 따라서 좋은 친구를 만나는 것은 일생일대의 중요한 숙제이다.

오늘의 새로운 친구는 내일의 오랜 친구라는 말을 명심하라.

진정한 친구는 당신과 함께 아픔과 기쁨을 공유하고 나아가 긍정적인 방향으로 서로의 발전을 도모하는 친구이다.

우정은 기쁨을 두 배로 늘리고 아픔은 반으로 줄게 하는 신비한 힘을 가지고 있다.

진정한 우정은 악운을 막아주는 울타리이자 인간의 황량한 마음을 촉촉이 적셔주는 고마운 단비이다.

예리한 통찰력으로
적을 잘 이용하라

손에 함부로 칼을 쥐지 마라.

칼은 자기를 해칠 수도 있다. 그러므로 자신을 보호한다는 의미에서 경솔하게 꺼내 들지 말고 칼자루에 넣어 두자.

위대한 업적을 거둔 사람들에게 자기 자신, 혹은 적들과의 치열한 싸움은 반드시 거쳐야 하는 필수과정이나 다름없다.

같은 편을 위장한 간사한 아첨은 증오하는 마음의 예리한 통찰력에 꼼짝하지 못한다.

증오의 예리한 통찰력은 언제나 아첨이 감추고 있는 나쁜 의도를 발견해낸다.

그렇기 때문에 영리한 사람일수록 증오하는 마음을 자신의 거울로 삼아 실수를 최소화하고 잘못을 올바로 고치면서 남들보다 성실하게 생활하고자 한다.

적을 상대로 예리한 통찰력을 적절하게 발휘하면 오히려 자기 자신을 긍정적으로 발전하게 하는 좋은 기회를 얻을 수 있다.

"당신의 약점들을 직면하고 인정하라. 그러나 그것이 당신을 지배하도록 하지 마라. 그로 하여금 당신에게 참을성과 상냥함, 그리고 통찰력을 가르치도록 하라."라고 한 헬렌 켈러의 메시지를 되새겨 보라.

부탁을
잘하는 법

자기한테는 마냥 어렵고 힘든 일이 다른 사람한테는 별거 아닐 수도 있다. 이럴 때 다른 사람에게 도움을 청해야 하는데 사람의 유형마다 접근하는 법이 다르다.

천성적으로 '안돼!'라고 말하지 못하는 사람한테는 굳이 어떤 요령을 쓰지 않고도 도움을 받을 수 있지만, 말끝마다 '안돼!'라고 말하는 사람한테는 효과적이고 계획적으로 당신의 요구를 말해야 한다. 이때 적당한 시기를 선택하여 말하는 것이 성공의 반을 좌우한다는 사실도 명심해야 한다.

서슴없이 '안돼!'라고 하는 사람에게 당신의 요구사

항을 말하기 가장 적당한 시기는 그가 기분 좋을 때다. 만사가 그렇듯이 친절도 즐겁고 기분 좋을 때 더 많이, 더 과감히 베풀어지기 마련이다.

부탁하기에 앞서 소극적으로 '혹시 그에게 부탁했다가 거절을 당한다면 어쩌지?'라고 걱정하지 말고, 일단 부딪쳐보고 거절당하면 그다음부터는 그에게 부탁하지 않으면 그만이라고 생각하면 된다.

일단 한번 '안돼!'라는 말을 내뱉은 사람은 그다음에도 그렇게 말할 가능성이 크다. 습관적인 거절은 하면 할수록 점점 더 뻔뻔해지고 부탁을 거절당한 사람의 좌절감 따위는 안중에도 없게 되기 때문이다.

비열하고 파렴치하거나 은혜에 보답할 줄도 모르는 사람한테는 해도 안 하느니만 못하다.

결국 당신의 출세는 좋은 사람들이 당신을 위해 얼마만큼 발 벗고 나서주느냐에 달려 있다.

자신에 대한 기대감을
오랫동안 유지시켜라

당신에 대한 뭇사람의 기대감을 오랫동안 유지시키
도록 하라. 사람들은 당신이 더 큰 성취를 이룰 수
있기를 바라는 기대감 때문에 당신에게 집중한다.
그러므로 당신의 전부를 보여주고 다른 가능성을
쉽사리 단정 짓게 하지 마라.

무슨 일을 하든 자신의 일부를 감추고 있어야 이루
고자 하는 목표를 보다 효과적으로 달성할 수 있다.
백 가지의 장점을 드러내려고 애쓰는 것보다 한 가지
의 단점이 새어나가지 못하도록 하는 것이 자신을 지
키는 비결이다.

상상력을
밟고 서라

많은 사람이 모인 장소에서 당신을 자주 드러내는 것은 당신의 명성에 해가 될 수 있다.

그렇지만 그와 반대로 잘 드러내지 않고 신비로움을 유지한다면 당신의 명성은 오히려 빛을 더하게 된다.

동물의 세계에서 숲속의 왕 사자는 자신을 드러내지 않는다.

그러나 보잘것없는 쥐는 시시때때로 여기저기 돌아다니며 얼굴도장 찍기를 좋아한다.

좋은 물건을 오래 쥐고 있으면 그 물건의 가치가

날로 높아져 그것에 대한 사람들의 욕구도 점차 강해진다.

사람들이 불사조를 신의 새라고 추종하는 이유도 그의 형상이 없기 때문이다.

사람이 눈으로 보는 것은 사물의 껍데기에 불과하기 때문에 그 진가를 제대로 평가할 수 없지만, 신비로움을 근거한 인간의 상상력은 시력보다 더 많은 것을 보게 해준다.

다른 사람이
나에게 의지하도록 만들어라

신은 사람들이 손으로 조각하고 포장하여 만든 실제 형상이 아니라, 보이지 않는 힘에 대한 사람들의 믿음이 만든 일종의 추상적 지위이다.

지혜로운 사람은 많은 사람을 도와주지만 절대 보이지는 않는 신의 존재처럼 남에게 도움을 주는 일을 하더라도 그 역할을 겉으로 드러내지 않는다.

'희망'은 자신이 원하는 것을 마음 깊이 새겨 쉽게 잊어버리지 않지만, '감사하는 마음'은 원하는 것을 얻은 후에 쉽게 잊혀지기 마련이다.

목이 마를 때는 간절하게 우물을 찾다가도 일단 우물물을 마신 후에는 아무런 미련 없이 돌아서는 것처럼 당신은 단순한 고마움의 대상이 되기보다는, 사람들이 항상 의지하고 싶어 하는 희망의 대상이 되어야 한다.

우리가 즐겨 마시는 오렌지주스를 만들기 위해 오렌지즙을 짜고 나면 노랗고 먹음직스러웠던 과일은 금세 쓸모없는 음식쓰레기로 변한다.

다시 말해, 당신에게 의지할 가치가 없게 되면 당신을 향한 공손한 태도는 연기처럼 사라져버린다.

사람들이 의지할 만한 인재가 되도록 노력하되, 결코 그것에 만족하지 마라.

다음의 세 가지를 마음에 새기고 지키도록 하자.
첫째, 결코 지나쳐서는 안 된다.
둘째, 타인을 잘못된 길로 빠지게 해서는 안 된다.
셋째, 자신의 이익 때문에 다른 사람의 고통을 모른 척하면 안 된다.

욕망은
당신을 움직이게 한다

인간의 욕망은 자기 자신을 표현하고자 하는 강한 욕구에서 비롯된다.

예를 들어 물을 마실 때, 간신히 갈증을 해소할 수 있는 정도에 만족하는 사람은 결코 목구멍을 충분히 적셔줄 만큼의 많은 물을 얻을 수 없다. 이것은 욕망의 크기로 그 사람의 가능성을 가늠할 수 있다는 사실을 함축한다.

사람들은 가장 값진 물건을 얻을 때까지 항상 부족하고 불만족스러워한다. 그래서 두 번째로 값진 물건은 그들의 욕망을 채워줄 수 없기 때문에 진정한 가치를 제대로 인정받지 못하고 항상 무시당하기 일쑤이다.

특히 풍족하게 사는 사람은 물건의 가치를 하찮게 여기는 나쁜 습관이 있기 때문에 좋은 물건의 진위 여부를 제대로 알기 위해서는 다른 사람들보다 더욱 신중해야 한다.

하지만 '욕망'은 사람을 발전시키는 좋은 자극제이기도 하다. 너무나 간절해서 한시도 지체할 수 없는 욕망은 배불리 먹고 난 후에 느끼는 포만감보다 더 크게 작용한다.

인간의 성취감은 자기 자신의 욕망에 따라서 오래 유지되기도 하고 더 많이 높아지기도 한다는 사실을 명심하라.

위기를
기회로 활용하기

사람은 삶의 막다른 골목에서 겪게 되는 위기 상황을 계기로 진정한 인격체로 거듭 태어난다.

만약 당신에게 거듭 태어날 수 있는 기회가 단 한 번도 주어지지 않는다면 당신의 잠재된 능력은 평생 깊은 곳에 묻혀 있을 수밖에 없다.

좋은 명성을 얻을 수 있는 기회는 고통이 바닥까지 치달은 상황 속에서 발견된다.

특히 능력 있는 사람일수록 위기를 극복하는 과정에서 보통 사람들보다 훨씬 더 많은 것을 얻어낼 수 있다.

잔꾀를 부리기보다는
빚쟁이가 되어라

어떤 사람은 자신에게 이익이 되는 일을 마치 다른 사람을 위한 것처럼 가장한다.

그래서 사실은 자신이 상대방에게 고마워해야 하는 일인데도 오히려 상대방이 자신에게 고마움을 느끼게 한다.

게다가 이런 사람은 다른 사람에게 부탁을 하고도 상대방으로 하여금 '나도 이 사람에게 부탁이라는 걸 받는구나'라는 일종의 긍지를 느끼게 하기 때문에 많은 사람들로부터 영리하고 수완이 좋은 사람이라는 말을 듣는다.

그들은 자신에게 부족한 점을 다른 사람에게 부탁

함으로써 스스로 좋은 점을 얻고, 다른 사람도 명예로움을 느끼게 한다.

그들은 다른 사람으로부터 좋은 점을 얻지만, 오히려 다른 사람이 느끼기에는 자기가 도움받는다는 기분이 들게 한다.

이런 사람들은 하는 일마다 도움을 준 사람과 받은 사람을 헷갈리게 한다.

그런 까닭에 이런 사람과 교류하는 사람은 쉽게 판단력을 잃어버려 일의 시시비비도 제대로 가리지 못하고 어떻게 해야 할지 몰라 갈팡질팡하기 일쑤이다.

그뿐만 아니라 대체 왜 그런지도 잘 모르면서 자기는 무조건 고마워해야 한다고 생각을 한다.

잔꾀에 밝은 사람은 다른 사람을 혼란에 빠뜨리면서 정작 자신은 저렴한 칭찬으로 좋은 물건을 얻는다. 즉, 다른 사람에게 보람과 긍지를 심어주어 스스로를 낮추도록 만든 뒤 정작 자신은 그 사람에 대한 일종의 권리를 얻는다.

원래 '받다'는 수동적인 의미이지만 총명한 사람들에게 '받다'는 능동과 수동의 요소를 모두 가지고 있다.

그들의 사람 다루는 기술은 정치인과 비교해보아도 결코 뒤지지 않는다.

그들의 상당수 준의 언변에는 절묘함이 숨어 있다.

지혜로운 사람들은 그들의 교활한 꿍꿍이를 꿰뚫어보고, 도움의 주객이 전도되어 명예와 이익을 엉뚱한 사람에게 귀속되는 일을 예방한다.

그리고 정말 명예와 이익을 얻어야 하는 사람들이 순탄히 그것을 얻을 수 있도록 도와준다.

당신을 위한 선의를
낭비하지 마라

가장 소중한 친구의 도움은 가장 필요한 때에 받아야 한다. 별로 급하지 않거나 중요하지도 않은 일 때문에 친구의 선의를 낭비하지 않도록 하라.
이것은 정말 위험한 순간을 위해서 총알을 장전하고 마지막 한 발을 남겨두는 것과 같은 이치이다.

삶에서 진정으로 소중한 재산은 항상 당신을 생각해주고 기꺼이 당신에게 도움을 줄 마음이 있는 사람이 곁에 있다는 사실이다.
운명의 신조차도 당신이 소유하고 있는 이 소중한 우정을 질투할 것이다.

남의 일에 관심이 지나치면
독이 된다

남에게 너무 많은 관심을 갖다 보면 자기도 모르게
그 사람의 노예가 될 수 있다.

천성적으로 운을 타고난 사람은 남한테 이익이 되
게 하는 일을 하고서도 굳이 그 대가를 바라지 않
는다.

한 가지 일에 연연하여 구속받느니보다 차라리 미
련 없이 포기하고 자유를 즐기는 편이 낫다고 생각
하기 때문이다.

인간관계 또한 마찬가지이다. 한 사람에게 모든 것
을 의지하는 것보다 많은 사람과 좋은 관계를 두

루두루 맺는 것이 부담도 훨씬 적고 이로운 점도 많다.

하지만 그와 반대로 당신이 남의 도움을 받을 때는 그가 순수한 마음을 가지고 당신을 도와주는 것이라고 생각해서는 안 된다. 열에 아홉은 이미 당신을 쉽게 다루기 위한 덫을 놓았을 수 있기 때문이다.

위험한 상황에서 벗어나기 위한
현명한 지혜

위험에서 벗어나기 위해서는 도움을 요청할 사람이 필요하다.

위험한 상황에 처했을 때 당신을 도울 수 있는 사람이 하필 안 좋은 기억 때문에 서로 감정이 개운치 않은 사람뿐이라도 자존심을 버리고 적극적으로 손을 뻗어야 한다.

그러나 이와 반대로 그 사람이 위험에 처했을 때, 당신은 무작정 뛰어들지 말고 신중하게 대처해야 한다.

왜냐하면 당신이 또다시 위험에 처하게 되는 상황이 된다고 하더라도 굳이 그에게 아쉬운 소리를 한

번 더 해야 할 확률이 그다지 높지 않아 보이기 때문이다.

다른 사람을 도울 때에는 당신도 그들과 똑같이 위험한 상황에 들어갔다 나와야 한다는 사실을 명심해야 한다.

도움을 줄 때는 무엇보다도 안전을 우선으로 고려해야 함을 잊지 말라.

감미로운 말로
상대를 정복하라

날카로운 화살은 사람의 몸을 관통하고, 악독한 말은 사람의 마음을 꿰뚫으며, 달콤한 설탕 조각은 맺혔던 울분을 수그러들게 한다.

말로써 자기 편을 만들기 위해서는 고도의 기술이 필요하다.

어려움에 처했을 때는 힘을 사용하는 것만이 능사가 아니다. 몇 마디 듣기 좋은 말로도 충분히 어려움을 해결할 수 있다.

달콤한 벌꿀로 당신의 입술을 적셔라. 사람들은 모두 온순하고 달콤한 것을 좋아한다.

쓸데없는 농담은
농담답지 않은 말이다

현명함의 관건은 진지한 사고이다.

진지하게 생각하고 말하는 사람은 사람들의 존경을 얻을 수 있지만, 그 반대로 가볍게 농담 따위를 즐기는 사람은 존경과는 거리가 있기 마련이다.

우스갯소리는 사람들의 비웃음거리가 될 뿐, 깊은 인상을 남기기는 어렵다. 아마도 사람들의 눈에 당신은 그저 거짓말을 좋아하는 사람이라고 보일 것이다. 심지어 당신에게 자신의 진지한 속마음을 드러내거나 당신의 말을 믿으려고 하는 사람도 없을 것이다.

그리고 이런 사람들은 당신과 마주하면서 '나, 이 사람한테 속고 있는 거 아냐?'라는 경계를 잠시도 늦추지 않는다.

그렇게 우스갯소리를 너무 자주 한다면 사람들은 당신이 진실을 말할 때와 농담할 때를 구분하지 못하고 언제나 헷갈려 한다. 그러니 이런 상황에서 당신이 하는 말을 모조리 거짓말이라고 받아들이는 것은 당연하다.

쓸데없는 농담은 농담답지 않은 말이다.

우스갯소리를 정말 적절하고 재미있게 하는 사람은 유머러스함 덕분에 명성을 얻지만, 그렇지 못한 사람은 사람들의 손가락질만 받는다.

그렇기에 농담을 할 때는 적절한 시기에 지나치지 않게 하고, 자제해야 할 때는 반드시 자제해야 한다.

원하는 것을 기억시키기보다
그것을 이해하게 하라

기억력은 이해력보다 수명이 짧기 때문에 단순히 기억시키기보다 이해하게 하는 것이 중요하다.

가끔 당신은 다른 사람의 장래를 밝혀주어야 하거나 그를 위해 계획을 세워주어야 할 때가 있을 것이다.

그러나 그런 일을 자주 하다 보면 남에게 끌려다니기에만 바빠서 당신의 본래 임무는 쉽게 잊어버리고 만다.

그러므로 남을 도와줘야 하는 상황에서도 이해득실을 따져보아야 한다.

시기와 형세를 제대로 판단할 수 있는 예리한 분석

력은 성공의 필수요건이다. 만약 당신이 이런 재능과 거리가 멀다면 성공의 기회와도 멀어질 수밖에 없다.

선견지명이 있는 사람에게 당신의 잘못을 지적해달라고 부탁하라. 앞을 내다볼 줄 모르는 사람은 자신보다 앞서 있는 사람의 충고를 들음으로써 지혜를 얻게 된다.

그와 반대 입장에서 당신이 다른 사람의 잘못을 지적해 줄 때는 조심하고 신중해야 한다. 왜냐하면 당신의 충고가 그의 모든 사고를 지배할 수 있기 때문이다.

행여, 당신의 잘못된 충고가 받아들여졌다면 재빨리 당신의 실수를 인정하라. 잘못된 충고가 받아들여졌다는 사실은 그가 당신이 말하고자 하는 의도를 잘못 이해했다는 증거이기 때문이다.

그러므로 타인의 충고를 들을 때 그 사람의 자질이 의심된다면 그의 충고를 귀담아듣지 말아야 한다.

그러나 잘못된 충고를 들었다 하더라도 경솔하게 그를 비난하지 말고 대신 침묵으로 거부권을 행사하라.

침묵의 거부권은 신기한 효과를 가져올 것이다.

만약 상대방이 '안돼'라고 대답한다면 당신은 재빨리 '그래'라는 대답을 들을 수 있도록 머리를 써야 한다.

당신이 원하는 것을 얻지 못하는 이유는 그만큼 전력을 다해서 간절하게 원하지 않았거나 당신이 무엇을 원하는지 정확히 이해시키지 못했기 때문이다.

사람들과
잘 지내는 법

큰일을 도모할수록 사람들과 잘 지내는 법을 알아야 한다.

특히 지도자로서의 위치에서 일할 때는 더욱 그러하다.

지도자가 대중과 두터운 관계를 유지할 수 있다면 그는 틀림없이 대중의 열렬한 지지와 환영을 받을 것이다.

그리고 주위 사람들은 우선 그의 눈에 띄기 위해서 먼저 그에게 관심을 갖고 도움을 주려고 애쓰며 그의 모든 행동에 우호적인 반응을 보이게 될 것이다.

다시 말하여, 선행을 베풀기 쉬운 위치는 곧 사람들의 선의를 쉽게 얻을 수 있는 유리한 위치이기도 하다.

어떤 사람은 '절대 부탁하지 않기'를 자기 인생의 굳은 신념으로 삼는다.

하지만 이러한 신념은 다른 사람의 어려움을 덜어주기 위한 배려가 아니다.
이는 자기를 곤란하고 어려운 지경에서 헤어나지 못하게 하는 고집스러운 자존심에 불과하다.

공손한 예의는
가장 가치 있는 미덕이다

선물을 받을 때 공손한 예의를 지켜라.

그리하면 사람들은 당신에게 줄 선물을 고를 때 좋은 것을 골라야겠다는 일종의 의무감을 느끼게 될 것이다.

어떤 선물이 좋겠느냐는 질문에 이기적인 사람이 말하는 뻔뻔한 요구와 진실한 사람이 말하는 공손한 부탁은 받아들이는 입장에서 그 느낌이 완전히 다르다.

공손한 예의는 사람 사이의 교류를 더욱 원활하게 한다는 사실을 명심하라.

공손한 예의는 쌍방을 위한 가치 있는 미덕이라고

해도 과언이 아니다.

선물은 당신이 돈을 주고 새로 사는 물건보다 두 배의 가치가 있다. 첫 번째 가치는 물건 본래의 가격이고, 두 번째 가치는 마음을 전하는 선물로서의 가치이다.

그러나 불량배에게 공손한 예의는 상당히 거슬리는 잡음일 뿐이다. 왜냐하면 그들은 기본적으로 사람들 사이에 존재하는 미덕에 대한 인식이 부족하기 때문이다.

당신을 존경하는
그들에 대한 자세

당신을 존경하는 사람이 있다면 그 사람을 적절하게
활용하되, 그에게 존경을 강요해서는 절대 안 된다.
상대방에게 미덕을 베푸는 일은 그야말로 당신의
명성을 퍼지게 하는 효과적인 방법이다.
그러므로 재덕을 겸비하도록 적극적으로 노력을 한다
면 당신의 명성은 세상에 저절로 퍼지게 될 것이다.
그저 성실함에만 의지하여 매사에 소극적으로 때를
기다리기만 한다면 명성은 제 발로 찾아오지 않는
법이다.
중용(中庸)은 삶의 지표로 선택할 수 있는 최고의
도리이다.

한쪽으로 치우치지 않고 균형을 지키는 미덕이야말로 이상향을 향한 곧고 탄탄한 길이다. 이 길 위에 서기를 원한다면 당신을 존중하는 사람들에게 항상 초심을 잃지 말고 진심과 겸손으로 대하라.

우리는 위축되고 불안해 보이는 사람보다 자신감 있고 안정감 있는 사람을 좋아한다.

자신감이 결여된 사람은 사소한 것 때문에 상처를 받고 분위기를 차갑고 불편하게 만든다.

상대방에게 객관적인 칭찬을 한다는 것은 바로 당신에게 당찬 자부심이 있다는 것을 보여주는 것이고, 상대방은 당신의 이런 모습에서 매력을 느낀다.

자신감 있는 모습으로 당신이 상대방을 대단하게 생각하고 있다는 것을 알게 하라.

호감 얻기_1
타인의 선의

만능 재주꾼이라도 중요한 문제에 대해서는 타인의
선의를 얻고자 한다. 자신의 성과물에 대해서 타인
의 호감을 얻어야 비로소 좋은 명성을 얻을 수 있
기 때문이다.

어떤 사람은 타인과의 상호 작용을 경시하며 지나
치게 자기 자신의 능력만 믿는다.

그러나 지혜로운 사람은 다른 사람의 도움이 필요
하다면 기꺼이 도움을 요청하여 자신의 능력을 한
단계 업그레이드시킬 줄 아는 일종의 융통성을 가
지고 있다.

타인의 선의는 일을 쉽게 만들 뿐만 아니라 사소한

결점으로 인해 발생할 수 있는 실수를 상당 부분
보완해준다.

결점의 보완기제는 용기와 정직과 지혜, 그리고 성
실이다.

이러한 보완기제는 당신의 실수를 덮어주고 당신이
갖고 있는 정신적 기질 이외에 적극성, 믿음 그리고
재능을 더해 줄 수 있다.
타인의 선의를 얻는 것도 중요하지만 무엇보다도
그것을 온전히 유지해야 한다.
그리고 끊임없는 자기 성찰을 통한 반성과 노력을
경주해야 한다.

호감 얻기_2
총명한 사람의 호감

총명한 사람이 말하는 깔끔한 한 마디 '좋습니다'는 여러 사람이 내놓은 수많은 의견을 단번에 평정한다. 그러나 많은 사람의 칭찬은 사람을 자만에 빠뜨린다. 특히 당신보다 나을 것 없는 평범한 사람들의 칭찬에 우쭐해하거나 흔들리지 않도록 주의해야 한다.

어떤 사람은 자신의 고픈 배를 채울 수만 있다면 그 이상 바라는 것도 없고 더욱이 먹는 음식의 질에 대해서는 감히 왈가왈부하지 않는다.

칭찬을 받을 때는 이런 자세가 좋다. 그 자체만을 받아들이고 다른 요소에 대해서는 연연하지 말아야 한다.

한 나라의 국왕 곁에는 국왕의 일거수일투족을 기록하는 신하가 있는데 그는 국왕이 죽고 나면 국왕을 평가하는 글을 남긴다. 그래서 국왕은 자신의 멋진 초상화를 그려주는 화가의 붓보다 언제나 자신을 객관적으로 기술하는 충직한 신하의 붓을 더욱 두려워한다.

총명한 사람의 객관적인 평가는 날카로운 칼보다 예리하다.

그러므로 그의 칭찬은 당신의 가치를 높여주는 훌륭한 촉매제이다.

호감 얻기_3
원칙을 가진 사람의 호감

원칙을 가진 사람의 호감을 얻어라.

그들은 마음에 거리낌이 없어 공정한 태도로 당신을 대할 것이다.

또한 말과 행동이 항상 일치하기 때문에 모든 면에 있어서 떳떳하다.

그들은 현인군자와 함께 도의 경지를 논할지언정, 절대로 악랄한 소인배들과는 모종의 관계를 맺지 않는다.

소인배가 당신을 상대하는 것은 우정이라고 할 수가 없다.

그들은 일에 임하는 책임감이 그다지 없기 때문에

달면 취하고 쓰면 가차 없이 뱉어버리기가 다반사
이다.

악랄한 소인배를 멀리하고 원칙 있는 사람과 어울
려라.

악랄한 소인배는 신념이 없으므로 기본적인 도덕의
식도 갖고 있지 않다.
상대가 원칙이 없고, 나쁘다고 인식되었으면 빨리
절교해야 한다.
인성이 좋지 않은 사람과 절교하는 것은 관계를 깨
는 것이 아니라 자기 자신을 그들로부터 지켜내는
것이다.

은혜를 베푸는
노하우

솔직히 사람들은 자신의 힘과 시간을 희생하면서까지 다른 사람을 도와줘야 하는 일이 자주 발생하지 않았으면 좋겠다고 생각한다. 그러나 안타깝게도 현실에서 이런 일은 불시에 발생한다.

은혜를 베풀다 보면, 종종 본의 아니게 그가 당신에게 보답할 수 있는 기회를 빼앗게 되는 경우가 있다. 그러나 그것은 하나도 주지 않거나, 모조리 빼앗아버리는 것과 같기 때문에 이왕 당신이 도움을 주었고, 그가 고마움을 느낀다면 작게나마 당신에게 보답하도록 기회를 주는 편이 좋다.

입장을 바꿔서 생각해 보라. 만약 당신이 도움을 받

고도 그냥 넘어가려 든다면 그들은 당신을 비난하면서 다시는 당신과 상종도 하지 않으려고 할 것이다.

베푼 은혜에 대해서도 철저하게 보답을 받고, 반대로 받은 은혜에 대해서도 반드시 보답하도록 하라. 아니면 차라리 당신이 베푼 은혜가 너무 커서 그들이 감히 보답할 방도를 찾지 못하게 하라.

이는 껄끄러운 계산 관계를 아예 확실하게 매듭지어버리기 때문에 꽤 괜찮은 방법이 될 수 있다.
어쨌거나 그 사람도 이미 원하는 것을 얻었으니 아쉬울 것도 없는 마당에 당신만 개의치 않는다면 문제될 것이 없다.
이처럼 은혜를 베풀고 받는 데에는 사람의 오묘한 심리가 작용한다.
사람은 아주 긴 시간 동안 간절히 바라던 선물에서 진정한 기쁨을 얻는다는 사실을 명심하라.

도움을 받는 쪽에서
주는 쪽으로 위치를 바꿔라

당신이 그동안 주로 도움을 받는 위치였다고 한다면, 이제는 도움을 주는 쪽으로 위치를 바꾸도록 하라.

물론 도움의 위치를 바꿀 때도 분명한 책략이 필요하다.

도움을 주고 은혜를 베푸는 일은 그것을 받은 데에 대한 보답보다 더욱 고귀해서 당신의 훌륭한 명성에 빛을 더해 줄 것이다.

당신이 능동적으로 다른 사람을 돕는다면 도움을 받는 사람의 마음속에는 당신에 대한 의무감이 생길 것이다.

이런 의무감은 장차 감사하는 마음으로 눈에 띄지 않는 진화를 한다.

처음에는 당신이 다른 사람에게 빚을 지다가 나중에는 그 사람이 당신에게 빚을 지게끔 만들도록 하라.

이 방법은 의식 있고 지혜로운 사람이 사용하면 상호간에 고마운 감정을 교류하는 일이 되지만 무뢰한들이 사용하면 일종의 제약이 된다.

손익을 따지는 사람을
경계하라

매사에 계산적인 사람을 경계해야 한다.

신중함은 속임수에 넘어가지 않기 위한 훌륭한 무기이다.

더욱이 세심하고 주도면밀한 상대를 만났다면 더욱 각별히 조심해야 한다.

교활한 사람이 당신에게 늘어놓는 칭찬의 이면에는 당신을 잘 구워삶아서 큰 건수를 올리려는 악랄한 의도가 숨어 있다.

그러므로 먼저 조심을 하지 않으면 이용을 당할 수 있다.

종이호랑이가
되지 마라

현대사회에 사는 사람은 야만적인 동물이다.

사람들이 자기 자신의 훌륭한 가치를 깨닫지 못하는 이유는 오만하기 그지없는 인간의 자만심이 인간본연의 기질을 변질시키기 때문이다.

성격이 비뚤어지고 난폭하게 행동하며 예의를 잃어가는 모습은 일종의 나쁜 습성이 몸에 배어서 나타나는 일반적인 변화이다.

그러나 이런 사람들은 그저 종이호랑이에 지나지 않다.

종이호랑이는 제 몸도 제대로 가누지 못하기 때문

에 항상 긴장 상태에 있다. 그래서 자신의 지위를 빼앗길까 봐 언제나 불안해하고 자기보다 나은 사람들을 발견하면 갖은 아양을 떨면서 아첨하기에 바쁘다.

하지만 무늬뿐인 종이호랑이가 무서운 이유는, 이런 사람들이 일단 권력을 쥐고 나면 아무런 죄책감도 없이 다른 사람을 위험에 빠뜨리고, 자신의 치욕스러움 따위는 안중에도 없다는 사실이다.
종이호랑이의 지위가 허상이라 할지라도 누군가에게는 닮고 싶은 부러움의 대상일 것이다.
그러나 그들은 볼품없는 기질을 가지고 있기 때문에 금세 존경의 대상에서 제외되고 그나마 그를 추종하던 무리조차 떨어져 나가게 할 것이다.

자신을
유리인간으로 만들지 마라

대인관계에서 자신을 '유리인간'으로 만들지 마라.

이것은 친구와의 우정에서도 마찬가지이다.

너무 연약해서 깨지기 쉬운 유리인간은 작은 자극에도 지나치게 예민하게 반응하기 때문에 언제나 불평불만으로 가득하다.

그래서 다른 사람의 기분까지도 덩달아 언짢게 만드는 나쁜 재주를 가지고 있다.

유리인간은 가벼운 농담이든 진지한 대화이든 상관없이 언제나 민감하게 반응하기 때문에 사람들이 항상 일정한 거리를 유지하게 만든다.

뿐만 아니라 아주 사소한 일로도 큰 상처를 입기

때문에 사람들은 감히 그를 믿고 중요한 일을 맡기지 못한다.

유리인간은 그와 교류하는 사람을 피곤하게 만든다. 나약함 때문에 항상 긴장하고 자신의 사소한 실수가 그를 분노하게 할까 봐 언제나 노심초사하기 때문이다.

즉, 유리인간은 항상 사람들한테서 뚝 떨어져 있으므로 온전한 대인관계를 맺지 못한다.
그렇기 때문에 언제나 이기적으로 행동하고, 알량한 자존심을 맹목적으로 숭배하는 자기 자신의 주인이자 노예이다.

리더로서
갖춰야 할 기질이란?

싸움에는 반드시 패자가 있기 마련이다. 패자가 된다는 것은 상당히 괴로운 일이기 때문에 사람들은 언제나 이겨서 상대를 밟고 일어서고 싶어 한다. 하지만 실제로 자기보다 우월한 사람을 밟고 올라서는 일은 어렵고도 어리석은 짓이다.

동료들보다 한 걸음 앞서 있는 사람은 그들의 질투와 시샘을 받기 마련이다. 하지만 너무 앞만 보고 달려간 나머지 자기보다 연륜이 있고 경험이 많은 사람까지 무분별하게 추월해버리면 나름대로 자기 능력에 강한 자부심을 가지고 있는 그들에게 괴롭힘을 당해 고초를 겪게 될 것이다. 그래서 지혜로운 사람들은 자신의 장점을 드러낼 때도 아주 사소한 결점 하나를 살짝 들춰 그들을 안심시킨다.

지혜로움은 인격의 왕으로서 그룹의 리더가 될 때도 가장 중요한 요소로 평가받는다. 예를 들어 한 나라의 군왕은 그의 정치적 임무를 빈틈없이 보좌할 적절한 인재를 발굴하고, 그와 함께 후세에 존경받을 수 있는 많은 업적을 쌓는다. 이것은 리더로서 대중에게 그의 지혜로움을 인정받고자 하는 의도이다.

만약 조언자로서 다른 사람에게 충고해줄 수 있는 기회가 온다면 단도직입적으로 모든 것을 말해주지 말고, 그 사람 스스로 무엇인가 찾아봐야겠다는 느낌을 갖도록 이끌어 주는 것이 좋다.

당신은 조언자로서 뒤에서 격려해주어라.
지혜로운 조언자가 곧 지혜로운 리더로 성장할 수 있다.

추측의
대가가 되어라

예민한 관찰력과 분명한 판단력을 사용하고자 한다
면 먼저 상대방의 겉모습을 꿰뚫어 볼 수 있어야
한다.

타인을 제대로 이해하기 위해서는 무엇보다도 분명
한 판단력이 있어야 한다.

사람의 성품을 파악하기란 사물의 특성을 분석하는
것보다 훨씬 어렵다.

타인을 이해한다는 것은 매우 미묘한 일이다.

그렇지만 평범한 일상에서의 교류 과정에서 좀더
예리한 관찰과 판단을 할 수 있다면 어렵지 않게
이를 해결할 수 있다.

금속을 소리로 판별을 할 수 있듯이 사람의 품성 또한 그 사람의 말과 행동으로 판단을 할 수가 있기 때문이다.

말은 성품이 밖으로 표현되는 수단이고, 행동은 성품을 추리하기 위한 단서이다.

타인을 추측하는 과정에서 원하는 바를 다 얻으려면 신중함과 예리한 관찰력, 그리고 현명한 판단력이 반드시 필요하다.

완벽한 사람과
겨루지 마라

완벽한 사람과 겨루지 마라.

이것은 불공평한 싸움이기 때문에 한 쪽은 분명 모든 것을 잃는다.

하지만 아무것도 없는 사람을 만만하게 봐서는 안 된다.

그들은 오히려 완벽한 사람 앞에서 조금도 주눅 들지 않고 대담하게 달려든다. 가진 것이 없어서 더 이상 잃을 것도 없기 때문이다.

그래서 이를 악물고 죽을 각오로 진격한다.

이런 싸움에 끼어들어 당신의 명성을 걸고 도박하지 마라.

훌륭한 명성은 어렵게 얻어지는 것이지만 그만큼 쉽게 잃을 수도 있다.

명성을 무너뜨리는 데는 아주 사소한 동기만 있으면 된다.

한순간의 경솔한 선택으로 인해서 당신의 모든 것을 잃을 수 있다는 사실을 꼭 명심하라.

그리고 완벽한 사람에 대한 언급도 신중히 해야 한다.

그를 비방하고 욕하는 한마디 말을 무심코 내뱉었다가 다시 수습하기에는 이미 그 파장이 너무 크다.

나쁜 말은 좋은 말보다 더 빠른 속도로 퍼지기 때문에 한순간에 당신의 명예가 땅끝까지 추락할 수도 있다.

현명한 사람은 대인관계에서 발생할 수 있는 일들에 대해 매우 잘 알고 있다. 그래서 자신에게 해를 끼치고 명예를 실추시킬 수 있는 일을 요령껏 잘 피해 간다. 그리고 항상 신중하고 합리적으로 일을 진행한다.

언제든지 일단은 한발 밖으로 물러나서 형세를 파악한 후에 태도를 결정하는 방법으로 자신을 보호한다.

위험에 처했을 때 작은 실수라도 용납하지 말고 지혜롭게 대처해야 한다.

위험한 싸움의 결과는 비록 당신이 승리한 것처럼 보이더라도 승자치고는 얻은 것보다 잃은 것이 더 많을 수 있기 때문이다.

어리석은 사람과
교류하지 마라

어리석은 사람은 또다른 바보를 알아보지 못한다. 그리고 설사 알아봤다고 한들 그에게서 벗어날 방법을 이리저리 고민만 할 뿐, 정작 방법을 찾지는 못한다.

어리석은 사람과 형식적인 만남만 갖는 것도 당신에게 위험한 요소를 남길 수 있으므로 그들과 마음을 터놓고 교류하는 것은 상상도 하지 말아야 한다.

물론 어리석은 사람도 교류의 초기 단계에서는 기존에 들었던 충고를 염두에 두고 스스로 각별히 조심할 것이다. 그래서 얼마간은 자기 하고 싶은 대로 멋대로 행동하지 않을 수도 있다.

하지만 얼마 지나지 않아 곧 그 실체가 드러나기 마련이다.

어리석은 사람은 언제나 불길하고 재수 없는 일을 달고 다닌다. 그래서 언제 무슨 불똥이 튈지 모르기 때문에 그 어떤 사람보다도 상대하기가 어렵다.

게다가 그들의 악운은 그들이 만나는 사람에게 즉시 전염되기 때문에 더욱 무섭다. 그렇다고 그들과의 거리를 유지하기도 만만치 않다.

지혜로운 사람은 어리석은 사람에게 얻을 것이 없기 때문에 미련도 없다. 하지만 어리석은 사람은 지혜로운 사람을 자신의 본보기로 삼고 싶어 하기 때문에 그를 항상 쫓아다닌다.

그래서 아무리 부딪히지 않으려고 해도 부딪히는 삐딱한 관계가 지속될 수밖에 없다.

인내심이 가져다주는
평온과 행복

똑똑한 사람의 가장 큰 결점은 인내심 부족이다. 그들이 인내심이 부족한 이유는 학식이 그들의 인내심을 약화시켰기 때문이다.

그래서 지나치게 똑똑한 사람은 자기 길밖에 몰라서 다른 사람을 배려하고 이해해주는 능력이 부족하기 때문에 사람들의 환심을 사지 못한다.

옛 그리스의 성인(聖人)은 인내하는 법을 아는 일이야말로 생활에서 가장 중요한 준칙을 아는 일이고, 그것이 곧 지혜의 참뜻이라고 사람들에게 설파했다.

타인의 결점을 알고도 그들이 결점을 극복할 때까지 참고 기다리는 일은 굉장한 인내심이 있어야 가능하다.

우리를 괴롭히는 사람은 항상 남에게 의지하는 사람이다.

그들이 혼자 설 수 있을 때까지 기다려주는 인내심을 기르기 위해서는 우리 스스로도 많은 어려움을 극복해야 하기 때문이다.

인내심이 가져다주는 평온은 이루 말할 수 없는 행복을 선사한다. 진정한 평온은 잔잔한 마음의 호수와 같다.

상대방을 이해하고 기다려주지 못하는 사람은 자신에게도 관대할 수 없다.

타인에게 관대할 필요를 느끼지 못하는 당신이라면 세상과 뚝 떨어져 혼자 사는 수밖에 다른 방법이 없다.

참다운 지식을
배울 수 있는 사람과 교류하라

우정은 지식을 배우는 학교이고, 대화는 타인의 장점을 배우는 수단이다.

현명한 사람을 스승으로 삼아 학문의 즐거움과 대화의 기쁨을 하나로 일치시켜라.

당신보다 영리한 사람을 친구로 삼아라.

그와 함께 보고 듣는 모든 것은 당신의 견문을 넓혀주기 때문에, 그 지식을 바탕으로 다른 사람과 대화를 한다면 당신도 영리한 사람으로 평가받을 수 있다.

사람들은 자신의 흥미에 따라 사람을 사귀고, 그들과 꾸준한 교류를 통해 자신의 흥미를 전문적인 지식 또는 기술로 발전시킨다.

똑똑한 사람이 모두 학자 집안에서 태어나는 것은 아니다.

세상은 노력하는 사람들이 지혜를 발휘하는 무대이지 자신의 배경을 미끼로 해서 온갖 수단을 부려 명예를 추구하는 오만한 자들의 궁전이 아니다.

세상에는 깊은 학문과 곧은 인품으로서 이름을 널리 알리는 사람이 많다. 그들의 공통적인 특징은 솔선수범하여 남에게 선행을 베푼다는 사실이다.

만약에 당신이 이런 사람들과 가까이 지낸다면 당신도 그들처럼 지혜롭고 거대한 뜻을 품은 참된 인간으로 성장할 수 있다.

영웅을 향한 부러움을
출세의 동력으로 삼아라

영웅 중에 가장 마음에 드는 한 명을 선택해서 당
신의 본보기로 삼아라.

그리고 그와 경쟁하라.

단순한 모방으로는 그를 뛰어넘을 수가 없음을 알
아야 한다.

사람들은 자신의 직업 세계에서 명성이 자자한 높
은 지위에 올라있는 인물을 자신의 모델로 삼는 경
향이 있다.

그러나 모델을 정했으면 더욱 열심히 노력해서 그
를 뛰어넘는 명성을 얻으려고 해야지, 무조건 따라
해서는 안 된다.

명성을 얻어야만 세상에 우뚝 설 수 있는 자신감도 얻을 수 있다.

명성은 일단 사람들 입에 오르내리기 시작하면 순식간에 사방으로 퍼져나간다.

이런 이치를 명심하고 영웅들을 향한 부러움을 동력으로 삼아라.
그리하여 그들을 능가하는 업적을 쌓을 수 있도록 노력하라.

지나친 친근함을
경계하라

특정한 사람과 너무 가깝게 지내거나, 누군가가 지나치게 당신과 친한 척하는 것을 내버려 두면 안된다.

지나친 친근함은 어느 순간에 당신의 우수함을 실추시키고 그로 인해 당신의 명성도 영향을 받을 수있다.

하늘의 수많은 별이 한결같이 빛나는 이유는 사람들과 지나친 마찰이 없기 때문이다.

신성한 것은 존엄함으로써 보호를 받지만, 너무 친근한 것은 자칫 그것이 업신여겨지는 결과를 초래한다.

사람들은 낯선 관계에서는 자신을 잘 포장하지만, 일단 친해지고 나면 자신도 모르게 결점을 드러내게 된다.

만약 감추고 싶었던 결점이 드러날 것 같은 위기의 상황이라면 입을 다물고 말하지 않는 편이 가장 안전하다.

어떤 사람과도 너무 가깝게 지내지 마라.

만약에 직장에서 상사를 가까이하면 위험률이 높아지고, 아랫사람과 가까이하면 당신의 존엄성을 잃기 쉽다.

먼저 나서서
설명하지 마라

굳이 당신에게 설명을 바라지 않는 사람에게 나서서 이야기해주지 마라.

설사 누군가가 당신에게 설명을 바라고 있다고 하더라도 바보처럼 모든 것을 시시콜콜 말해줄 필요는 없다.

그렇게 일일이 설명하고 돌아다니면 결국 당신만 피곤해진다는 사실을 명심하라.

타인을 이해시키기 위해서 지나치게 노력을 기울이게 되면 당신의 건강을 해치고 결과적으로 그로 인해 병을 얻을 수도 있다.

게다가 질문을 받기도 전에 미리 변명이나 핑계를

댄다면 오히려 사람들의 의심을 자극하여 스스로 스트레스에 시달리게 된다.

현명한 사람은 타인의 의심스러운 눈초리에도 꼼짝하지 않는다. 그것에 휘말리면 고달파진다는 사실을 알고 있기 때문이다.

대인관계에서는 한결같이 당당한 자세를 유지해야 한다.

소문의 씨앗을
뿌리지 마라

관중은 악의가 가득한 눈과 가벼운 혀를 가지고 있는 머리 많은 괴물이다.

나쁜 소문은 훌륭한 명성을 단숨에 죽이는 강한 독극물이다.

나쁜 소문이 마치 오랫동안 따라다니는 별명처럼 당신에게 딱 붙어 떨어지지 않는다면 당신의 명성은 더 이상 존재할 명분을 잃게 된다.

나쁜 소문이 생기게 되는 주된 이유는 당신에게 악의를 가진 그 누군가가 작정을 하고 당신의 천성적인 결점을 찾아, 그것을 물고 늘어지기 때문이다.

좋은 일은 대문 밖을 나가지 않고, 나쁜 일은 천리

밖까지 퍼진다고 했다.

특히 비열하고 치욕스러운 입소문은 매우 빠르게 퍼져나가기 때문에 당신의 경쟁자는 승리를 위해서라면 소문을 만들어내는 수고쯤이야 기꺼이 감내하고 그것을 퍼뜨리기 위해 주위 사람들을 십분 이용하려 들 것이다.

지혜롭고 신중한 사람은 헛소문 때문에 받는 공격을 현명하게 막아내고 자신의 말과 행동을 각별히 조심한다.

병을 한 번 예방하는 것이 백 번 치료하는 것보다 낫다.

가장 무서운 적은
당신을 떠나간 친구이다

위선적인 사람은 당신에게 상처를 받더라도 분노를 드러내지 않고 당신에게 복수할 기회만 기다리고 있다.

사람들이 당신의 영원한 적이 될지언정 영원한 스승, 친구가 되리라는 기대는 버려라.

당신 곁을 떠나간 친구가 가장 무서운 적으로 변할 수 있다.

그들은 자신의 실수에 대해서는 관대하지만 다른 사람의 실수는 절대 용납하지 않는다.

누군가가 당신이 친구와 절교하는 모습을 보았다면, 그들은 자신의 주관에 따라 그 사실을 짐작하고 판단할 것이다.

그들은 우정을 그렇게 쉽게 끊을 수 있느냐고 비난하겠지만, 결국에는 그들도 똑같은 상황에 처할 수 있다.

절교해야겠다고 결심을 하더라도 그 사람과의 관계를 갑자기 매듭짓지 말라.

시간을 두고 차근차근히 감정을 정리해야 훗날에 후회하지 않게 된다.

생존의 법칙

초판 1쇄 인쇄 2023년 10월 12일
초판 1쇄 발행 2023년 10월 16일

지은이 이현우
펴낸이 이태선
펴낸곳 창작시대사

주소 경기 고양시 일산동구 장백로 20 굿모닝힐 102동 905호
전화 031-978-5355
팩스 031-973-5385
이메일 changzak@naver.com
등록번호 제2-1150호 (1991년 4월 9일)

ISBN 978-89-7447-275-7   03190